Franz Ost

Die altfranzösische Übersetzung der Geschichte der Kreuzzüge

Franz Ost

Die altfranzösische Übersetzung der Geschichte der Kreuzzüge

ISBN/EAN: 9783743488946

Hergestellt in Europa, USA, Kanada, Australien, Japan

Cover: Foto ©ninafisch / pixelio.de

Franz Ost

Die altfranzösische Übersetzung der Geschichte der Kreuzzüge

Dem Andenken

seines verstorbenen Freundes

stud. rer. nat. Kurt Pohlmann

gewidmet

vom Verfasser.

Die Kreuzzüge sind bei den europäischen Kulturvölkern fast auf allen Gebieten des geistigen Lebens von unermesslichem Einfluss gewesen. Ich sehe davon ab, die Fülle der neuen Ideen und Stoffe zu erörtern, die ihr die Berührung der Abendländer mit zwei ganz neuen und eigenartigen Kulturzentren, dem byzantinischen und dem orientalisch-muhammedanischen, brachte, und hebe hier nur die für die folgenden Ausführungen wichtige Thatsache hervor, die Schlosser in seiner Weltgeschichte „die merkwürdigste Erscheinung dieser Periode in Bezug auf das Fortschreiten der Kultur" nennt, nämlich die Entstehung einer Geschichtsschreibung in der Nationalsprache.

Vor den Kreuzzügen finden wir im Mittelalter nirgends eine wirkliche Geschichtsschreibung in der Nationalsprache. Die historischen Ereignisse, die sich auf der grossen Weltbühne abspielten, sickerten zwar stets, wenn auch oft nur getrübt, hinab in die unteren Volksschichten; die Spielleute, „die Journalisten des Mittelalters," wie sie Scherer nennt, trugen die Kunde von ihnen weiter. Aber schliesslich trat man den Stoffen freier gegenüber: man verarbeitete sie in den „Chansons de geste." Diese waren fast die einzigen Quellen, aus denen das Volk seine nationale Geschichte kennen lernte. Zur Zeit der Kreuzzüge ging hierin ein Wandel vor sich. Die Kreuzzüge und die Pilgerfahrten, in denen sich ein nie versiegender Strom von Büssern, religiösen Schwärmern und Abenteuerlustigen nach dem Orient ergoss, und zu denen wohl fast jedes Dorf, besonders in Frankreich, sein Kontingent stellte, erweiterte mächtig den Horizont der einzelnen Teilnehmer. Sie führten den champagnischen Bauer, der kaum über die Marken seines Kirchsprengels sonst den Fuss gesetzt hatte, über die Meere hinaus, nach Italien, Afrika, nach dem goldenen Byzanz oder über Deutschland, Östreich, Ungarn in das Wunderland des Orients und verschafften ihm so gewissermassen einen Weltüberblick.

Es erwachte im Volke das Bedürfnis und das Verlangen nach einer wirklichen Geschichtsschreibung in einer ihm verständlichen Sprache. Das Volk begehrte für seine Kenntnis der nationalen Geschichte nach reineren, ungetrübteren Quellen als die Chansons de geste gewesen waren; daher ist auch der erste Kreuzzug das letzte historische Ereignis, das in einer Chanson de geste besungen wurde. Dieses Verlangen wurde bald befriedigt durch die Übersetzung des klassischen Geschichtswerkes über die Kreuzzüge, der „Historia in partibus transmarinis gestarum" Wilhelms von Tyrus.

Uns soll hier diese altfranzösische Übersetzung beschäftigen, die herausgegeben ist:

1. Vom Grafen Beugnot zusammen mit dem lateinischen Original in dem „Recueil des Historiens des Croisades, Historiens Occidentaux" Paris 1844, wo Band 1. a, b die Übersetzung, Band 2. die späteren Fortsetzungen des Werkes enthält.
2. Von Paulin Paris allein unter dem Titel „Guillaume de Tyr et Ses Continuateurs" Band 1, 1879 und Band 2. 1880 bis Seite 469.

Wilhelm von Tyrus[1]) wurde um 1130 in Palästina geboren; mannigfache Stellen in seiner „Geschichte der Kreuzzüge" geben uns Aufschluss darüber. Über den abendländischen Ursprung seiner Familie besteht kein Zweifel, wohl aber über ihr engeres Stammland. Man

---
[1]) Histoire littéraire Buch, 14. Seite 587. . . .
Bongars, Gesta Dei per Francos. Pref XI.
H. Prutz, Studien über Wilhelm von Tyrus. Neues Archiv 1883.
H. Prutz, Kulturgeschichte der Kreuzzüge. Berlin 1883. Seite 458—469.

hat Wilhelm zum Franzosen, zum Engländer, ja selbst zum Deutschen machen wollen. G. Paris[1]) erkennt seinem Vaterlande die Ehre zu, den grossen Geschichtsschreiber der Kreuzzüge zu seinen Söhnen zu zählen; H. Prutz und P. Paris[2]) halten Italien oder Rom für die ursprüngliche Heimat der Familie Wilhelms. Als Beweise hierfür werden seine vielfachen Beziehungen zu Rom und Reisen dorthin und einige Stellen aus der „Geschichte der Kreuzzüge", besonders Buch 20 Kap. 17, genannt, wo Wilhelm erzählt, dass er nach Rom gereist sei „familiaribus tracti negotiis" (Wilhelm redet in seinem Buche von sich immer im Plural). Dieser Schluss auf italienische Abkunft Wilhelms erscheint sehr gewagt, wenn man bedenkt, dass Wilhelm, den Prutz den „Wortführer der Bischöfe" Syriens, den politisch einflussreichsten Mann Palästinas nennt, der Kanzler des Königreichs Jerusalem war, in diesen Eigenschaften und als einer der bedeutendsten Kirchenfürsten die innigsten Beziehungen zu Rom, dem Mittelpunkt der christlichen Welt, haben musste. Weiterhin lässt sich zwar aus dem Umstande, dass Wilhelm die französische Sprache genau kennt, allein nicht entnehmen, dass er Franzose war; denn das Französische war in Palästina Staatssprache infolge des Überwiegens der französischen Elemente in der abendländischen Zuwanderung und der Bedeutung der französischen Sprache im Mittelalter überhaupt, welche Prutz mit Recht die Welt und Litteratursprache des Mittelalters nennt, was in den Kreisen der wissenschaftlich Gebildeten das Lateinische war. Man kann infolgedessen auch eine Stelle der Geschichte der Kreuzzüge, wo Wilhelm die französische Sprache „lingua nostra" nennt (Buch 17, Kap. 19), nicht als strikten Beweis für seine Abkunft heranziehen. Aber es ist m. E. bezeichnend und der Annahme französischer Abkunft gün-

[1]) G. Paris: La littérature française au Moyen Age. §. 91. S. 131. Paris 1890.

[2]) P. Paris: Guillaume de Tyr et ses continuateurs. Pref. V.

stig, wenn wir bei Wilhelm wohl Beweise von französischer, arabischer, griechischer, hebräischer und persischer Sprachkenntnis finden, aber nicht eine Andeutung von Kenntnis des Italienischen. Gröber [1]) lässt die Frage nach der Abstammung Wilhelms ganz offen. Im 12. Kapitel des 19. Buches seines Werkes hatte Wilhelm etwas aus seiner eigenen Lebensgeschichte gegeben, wie uns nur noch die Überschrift dieses Kapitels lehrt; denn leider fehlt gerade dieser wichtige Abschnitt in allen Handschriften. Man hat sich deshalb aus den in das Werk **eingestreuten persönlichen** Bemerkungen Wilhelms die Daten seiner Lebensgeschichte zusammenstellen müssen. So erfahren wir Buch 19, Kap. 4, dass er „trans mare" gegangen ist, also im Abendland seine wissenschaftliche Ausbildung erhalten hat. Der französische Übersetzer des Werkes behauptet in Buch 21, Kap. 1, dass Wilhelm in Frankreich auf der Schule gewesen ist; die Stelle lautet: „le bailla a l'arcediacre de Sur, qui avoit a non Guillaumes et avoit esté 'en France a escole." Bongars [2]) erzählt, dass Wilhelm in Paris studiert habe, was schon angesichts der Bedeutung von Paris als des geistigen Mittelpunkts der französischen Welt nicht unwahrscheinlich wäre. Im Jahre 1162 kehrt er nach Palästina zurück und wird 1167 Archidiakonus von Tyrus. Dann ist er in verschiedenen diplomatischen Missionen thätig. 1169 begiebt er sich nach Rom „domini archiepiscopi nostri declinantes indignationem", wie er Buch 20, Kap. 17 sagt. Hier fasst er den Entschluss, die Annalen des Königreichs Jerusalem zu schreiben. Nach seiner Rückkehr von Rom wird er zum Erzieher des Prinzen Balduin von dem König Amalrich bestellt. 1174 wird er Archidiakonus von Nazareth und Kanzler des Königreichs; 1175 besteigt er den Erzbischofsstuhl von Tyrus und trägt als solcher den

---

[1]) Gröber, Grundriss der romanischen Philologie. Band 2. S. 311.
[2]) Bongars, Gesta Dei per Frankos. Préf.

Namen „Wilhelmus Secundus." 1178 nimmt er am Laterankonzil teil, wo auch Walther Map, der Freund Heinrichs II. von England, anwesend war, und wird hier mit der Abfassung des amtlichen Berichtes betraut. 1180 verweilt er auf der Heimreise beim Kaiser Manuel in Konstantinopel und wohnt der Hochzeit der kaiserlichen Kinder bei. Soweit ist seine Lebensgeschichte seinem eignen Werke entnommen. 1183 erscheint er urkundlich zum letzten Mal in Accon. Die französischen Fortsetzungen aber berichten uns, dass Wilhelm wieder nach Rom reiste, um Vorstellungen gegen die Wahl des übelbeleumdeten Heraclius zum Patriarchen von Jerusalem zu erheben, und dass er wahrscheinlich nach 1184 auf Veranlassung dieses Mannes in Italien vergiftet wurde. Doch die Angabe betreffs der Vergiftung ist mit Vorsicht aufzunehmen, da es bekannt ist, wit welcher Vorliebe man im Mittelalter den Tod berühmter Männer auf Vergiftung zurückführte. Sicher aber ist, dass Wilhelm um 1184 gestorben ist.

Wilhelm von Tyrus ist der Verfasser einer Anzahl historischer Werke, von denen uns nur seine Geschichte der Kreuzzüge erhalten ist. Ausser dem schon erwähnten amtlichen Bericht über das Laterankonzil muss er noch eine Geschichte der muhammedanischen Fürsten geschrieben haben, wie aus Buch 1, Kap. 3. hervorgeht, wo er er sagt: „historiam quam nos de gestis Orientalium principum, a tempore praedicti seductoris Mahumeth usque in hanc praesentem diem, qui est nobis ab Incarnatione Domini millesimus centesimus octogesimus secundus, per annos quingentos septuaginta rerum seriem complexam, cum multo labore confecimus." Die uns erhaltene Geschichte der Kreuzzüge ist in lateinischer Sprache geschrieben, ihr Titel lautet „Historia rerum in partibus transmarinis gestarum." Schon das „transmarinis" aber sagt uns, [1]) dass dieser Titel erst im Abendland entstanden

---
[1]) Prutz: Studien über Wilhelm von Tyrus. Seite 144.

sein kann. Das Werk besteht aus 22 Büchern und schliesst mit der Vorrede und dem 1. Kapitel des 23. Buches; es verfolgt die Geschichte der Kreuzzüge und Palästinas von 1095 –1184.

Das lateinische Werk Wilhelms von Tyrus ist frühzeitig ins Französische übersetzt worden. Der Titel [1]) der Übersetzung ist in den Handschriften verschieden; er lautet bald „Livre du Conquest," bald „Livre du Conquest de Terre Sainte," bald „Histoire d'Heracle," bald „Estoire de Eracles Empereur et la Conqueste de la Terre d'outre mer." „Estoire d'Eracles" ist das Werk betitelt, weil in den ersten Kapiteln an die Perser und die Befreiung Jerusalems durch den Kaiser Heraclius kurz erinnert wird. Dieser gleich in der ersten Zeile stehende Name genügte spätern Abschreibern, dem Werke diesen Namen zu geben, der dem Inhalte garnicht entspricht.

Man nimmt an, dass das lateinische Werk bald nach dem Tode des Erzbischofs im Ende des 12. Jahrhunderts ins Französische übersetzt worden ist. Einige Zusätze der Übertragung, die P. Paris in Anmerkungen zu den betreffenden Kapiteln hervorhebt, scheinen auf diese Zeit hinzudeuten. Buch 22, Kap. 4 (3)[2]) heisst es: „Louis hinterliess einen Sohn; das war der König Philipp" mit dem Zusatz: „de cui bontez se sent toute la Crestientez". Die Präsensform „sent" beweist, dass der Übersetzer zu Lebzeiten Philipps (1180–1223) schrieb. Buch 14, Kap. 1 wird ein Graf Philipp erwähnt mit den Worten: „qui hodie Flandrensium procurat comitatem«; der Franzose aber übersetzt »qui mout tint bien et viguereusement la conteé de Flandres« und setzt hinzu »puis fu mors outre mer, quant li rois Felipes i ala". Die Perfektform „tint" gegenüber der Präsensform „procurat" und der Zusatz, der

---

[1]) L. de Mas Latrie: Ernoul, Paris 1871, Avertissement XVII; Essai S. 475.

[2]) Die eingeklammerte Zahl bedeutet dasselbe Kapitel in der Ausgabe von P. Paris.

den Tod des Grafen berichtet und den Kreuzzug des französischen Königs beendet sein lässt, weisen über das Jahr 1190 hinaus. Als terminus ante quem wäre hier noch die Niederschrift der ältesten Handschriften in Betracht zu ziehen. Diese gehören der ersten Hälfte des 13. Jahrhunderts an; Mas Latrie berichtet darüber in Ernoul, Essai S. 521 Anmerkung 2, desgleichen Riant in den Archives de l'Orient latin, I, 247.

Die Frage nach der Person des Übersetzers ist viel erörtert, aber noch immer nicht beantwortet worden. Sie wird auch der Antwort vergebens harren müssen, da jeder feste Anhaltspunkt fehlt. Du Cange nennt in seinem Glossarium bei dem Wort „paletare"[1]) einen gewissen Hugo Plagon „vetus interpres Willelmi Tyrii"; und bei dem Wort „huisserium"[2]) ebendaselbst heisst es: „où Hugues Plagon, ancien interprète de cet auteur a ainsi tourné ce passage". Mas Latrie[3]) hat die Autorschaft Hugo Plagons als unwahrscheinlich abgewiesen. Wenn sich über die Person des Übersetzers nach dieser Seite hin nichts eruieren lässt, so glaube ich wenigstens bestimmen zu dürfen, welches Standes er war. Der französische Übersetzer war, wie die folgenden Bemerkungen beweisen, Geistlicher. Zuvörderst liesse sich dies aus seinen lateinischen Sprachkenntnissen erklären. Weitere Beweise liefern Zusätze der französischen Übersetzung selbst. Buch 1, Kap. 5 wird von dem Tempel in Jerusalem gesprochen, und der Franzose fügt hinzu: „que la laie gent apelent le temple Domiuus". Er setzt sich hier also gewissermassen in Gegensatz zu den Laien. Auf einen Übersetzer geistlichen Standes weist auch der Umstand hin, dass fast sämtliche weltlichen Zitate aus den römischen klassischen Schriftstellern ausgelassen werden,

---

[1]) Glossarium mediae infimae latinitatis Paris 1840 Bd. V. S. 29.
[2]) ebendaselbst Bd. VII. S. 351,2.
[3]) Mas Latrie, Ernoul S. 338—540.

die biblischen aber und die Zitate aus Kirchenvätern, nicht zu übersetzen versäumt werden. Dazu gesellen sich noch als Beweise eine Fülle von religiösen Mahnungen und Warnungen, von Zusätzen, die die Autorität der Geistlichkeit erhöhen sollen, oder eine Vertrautheit mit dem alten Testament zeigen. Vor allen Dingen aber beweisen es die charakterisierenden und schmückenden Beiwörter von Personen; man sieht aus ihnen, welche menschlichen Eigenschaften der Übersetzer gern oder ungern an seinen Helden sieht, welches sein Ideal oder welches das Gegenteil seines Ideals ist. Wen der Übersetzer des Lobes für würdig hält, den nennt er „einen sehr guten Christen", einen „Verehrer des Heilands", aber auf wen er die Schale seines Zorns und Abscheus giesst, den nennt er „Sendling des Teufels". Demgemäss finden sich Beiwörter wie „mout bon chrestiens" oder z. B. bei Erwähnung Karls des Grossen (Buch 1, Kap. 3) Zusätze, wie „qui tant de travail souffri pour damledieu et tant essauça la foi Jesuchrist" oder „Buiemonz ... fu si deçu del deable et avuglez de pechiez" (Buch 22, Kap. 5). Seinem lieben Frankreich („douce France"), das er stets mit allen Tugenden schmückt, wie wir später noch sehen werden, darf auch die in seinen Augen höchste Tugend, die Frömmigkeit, nicht fehlen; und so nennt er denn seine Landsleute einmal (Buch 16, Kap. 25) überschwänglich „la gent el monde qui mieuz le (d. i. Jesus Christus) croient et plus l'enneurent;" ein andermal lässt er in einer freien Übersetzung eines Gespräches den Patriarchen von Jerusalem zu Pierre l'Ermite sagen: „li pueples d'outre les monz, nomeement la gent de France, sont mout bon Chrestien".... (Buch 1, Kap. 11.)

Wilhelm von Tyrus hat sein Werk in Palästina geschrieben, seinem Geburtslande, wo er als Geistlicher und als Staatsmann lebte und wirkte. Das Gleiche wissen wir von einer Fortsetzung des Werkes durch Ernoul, den Lehnsmann eines der hervorragendsten Grossen Palästinas, des Balian d'Ibelin.¹) Es liegt die Vermutung nahe, dass diese Geschichte der Kreuzzüge, die in Palästina entstand und fortgesetzt wurde, auch dort ihren französischen Übersetzer gefunden habe. Der Umstand, dass die Übersetzung ins Französische geschah, wäre durchaus kein Beweis für ihre Entstehung in Frankreich, denn wir wissen, dass das Französische im Heiligen Lande Verkehrs- und Staatssprache war. Es ist deshalb eine Untersuchung angebracht über die Frage, wo die Übersetzung entstanden ist.

Es lassen sich darüber drei Hypothesen aufstellen:
1. Der Übersetzer hat sein Werk in Palästina geschrieben und ist also ein in Palästina ansässiger und vielleicht dort schon geborener Franzose.
2. Der Übersetzer hat sein Werk in Frankreich geschrieben.
3. Der Übersetzer hat sein Werk in Palästina geschrieben, aber für seine europäischen Landsleute, also vom Standpunkte seiner Heimat, Frankreichs, aus.

Ich wende mich der letzten Hypothese zuerst zu. Wir nehmen also an, der Übersetzer sei ein Jerusalemischer Franzose, d. h. ein Franzose, der im Heiligen Lande eine neue Heimat gefunden hatte oder dort schon geboren war; er schreibt aber, als wenn er im Mutterlande ansässig wäre. Es liesse sich für diese Hypothese nur eine sehr zweifelhafte Begründung vorbringen. Unser Übersetzer war Geistlicher, wie wir nachzuweisen suchten, und unsere Annahme wäre vielleicht nicht unmöglich bei dem Fluktuieren des geistlichen Elementes der Bevölkerung. Einige nähere Bestimmungen bei Ortsbeschreibungen z. B. Jerusalems wären hier auch in Betracht zu ziehen. Doch braucht man dies nicht auf persönliche Ortskenntnis des Übersetzers zurückzuführen,

---

¹) Edit. Mas Latrie, Ernoul. Paris 1871.

wir können vielmehr annehmen, dass so etwas zu damaliger Zeit allgemein bekannt war, wo Jerusalem und die Kreuzzüge im Vordergrund des christlichen Interesses standen. Die Art des Übersetzers aber, als Jerusalemischer Franzose vom Standpunkte seines Stammlandes zu schreiben, und ein Werk, das in Palästina entstanden war, nach diesem Gesichtspunkt umzuändern, entspricht meines Erachtens nicht dem, was wir vom mittelalterlichen Menschen sonst wissen: einerseits würde sie ein bedeutendes Mass von Objektivität erfordern; andrerseits müssten wir dann annehmen, dass der Übersetzer sich in der Fremde ein hervorragendes Stammes- und Nationalbewusstsein bewahrt gehabt hätte, was sehr unwahrscheinlich ist.

Es bleibt uns nun noch die Frage offen: Hat der Übersetzer sein Werk in Palästina oder in Frankreich geschrieben? Wenn es schon schwierig ist, den Entstehungsort einer Übersetzung überhaupt festzulegen, so wird diese Schwierigkeit noch erhöht, wenn der geschichtliche Stoff wenig Gelegenheit bietet, etwas Persönliches oder Ortsbestimmendes einzuflechten. Wir können daher nur sehr wenig sichere Belege für die Bestimmung des Ortes vorbringen, zu deren Unterstützung wir eine Anzahl allgemeiner Schlüsse heranziehen dürfen. Nach Prüfung aller eingebrachten Kriterien bin ich zu dem Schluss gekommen, dass die Übersetzung in Frankreich entstanden sein muss.

Zu den Kriterien, die dies beweisen, gehört in erster Linie der Ausdruck „outre mer". Buch 11, Kap. 14 überträgt der Übersetzer das „civitas Hierosolyma" des Originals mit „la terre d'outre mer". Buch 12, Kap. 24 wird von Venetianern gesprochen, die nach Jerusalem kommen: „qui grant leu porroient tenir en la terre d'outre mer". Buch 17, Kap. 3 wird „rex Hierosolymorum" mit „li rois d'outre mer" übersetzt. Buch 14, Kap. 1 sagt der Übersetzer in einem Zusatz: Der Graf von Flandern sei gestorben „outre mer", d. h. in Palästina. Buch 12, Kap. 3 heisst es von Gesandten, die nach Palästina heimkehren: „cil passerent outre mer", Buch 12, Kap. 2 steht „Baudoins estoit outre mer": Balduin war in Palästina. Wir können aus den angeführten Stellen ersehen, dass sich dem Übersetzer mit dem Worte „Palästina oder Syrien oder Jerusalem" stets die Vorstellung eines fernliegenden Landes verbindet.

Dennoch können diese Stellen für unsere Annahme keine ganz zuverlässigen Stützen sein, da es mir in Anbetracht der überaus häufigen Wiederkehr dieses Ausdrucks scheinen will, als ob „la terre d'outre mer" und „outre mer" eine stereotype Bezeichnung für Palästina, also fast Eigenname, geworden sei. Derselben Meinung scheint auch Wilhelm Hertz zu sein nach einer Anmerkung seiner Übersetzung der Lais von Marie de France [1]) (Seite XV). Vielleicht wurde diese Bezeichnung für Palästina von Palästinensern selbst gebraucht. Es ist demnach auch die anfangs angeführte Behauptung Prutz', dass der Titel des lateinischen Originals „Historia rerum in partibus transmarinis gestarum" wegen des „partibus transmarinis", das dem französischen „la terre d'outre mer" genau entspricht, im Abendland entstanden sein müsse, mit Vorsicht aufzunehmen. Wenn „outre mer" nach den angeführten Beispielen auch noch nicht völlig zu einem Eigennamen erstarrt ist, so war es doch auf dem besten Wege dahin.

Eine Stütze der Annahme, dass die Übersetzung in Frankreich geschrieben ist, können wir in Buch 15, Kap. 18 finden, wo der Übersetzer ein „de cismarinis regionibus" Wilhelms mit „de la terre de Surie" wiedergiebt. Für die angenommene Stellung des Übersetzers in Frankreich konnte diese Bezeichnung für Palästina nicht mehr gelten; er musste ein „diesseits" Wilhelms

---

[1]) W. Hertz: Marie de France. Stuttgart 1862.

in ein „jenseits" verwandeln. In diesem Falle setzt er allerdings nicht sein gewöhnliches „outre mer", aber auch schon die Übersetzung mit „la terre de Surie" zeigt, dass ein Gegensatz in der Stellung beider Verfasser bestand, der beseitigt werden musste.

Eine andere Stelle, die auch das Wort outre verwendet, — diesmal nicht in Bezug auf Palästina — scheint mir eine der beweiskräftigsten. Die Historia berichtet Buch 1, Kap. 17 von den Fürsten, die am Kreuzzug teilnehmen; sie spricht zuerst von den Grossen in Deutschland, Frankreich und England und fährt dann fort: „citra Alpes vero dominus Boamundus Tarentinorum princeps;" der Übersetzer aber sagt: „d' outre des monz meismes li princes de Tarent." Er überträgt ganz wörtlich, sagt aber gemäss seiner Stellung nördlich der Alpen nicht diesseits (citra), sondern jenseits (ultra, outre) im Gegensatz zu Wilhelm von Tyrus, der ungefähr südlich der Alpen steht. Etwas Ähnliches bietet Buch 9, Kap. 8. Der Franzose hat von den Thaten Gottfrieds von Bouillon im Dienste des deutschen Kaisers erzählt und fährt dann fort in freier Übersetzung des „Sed nos, qui ea tantum quae apud nos gessit describere sumus agressi, ad propositum redeamus" Wilhelms von Tyrus: „Maintes autres proeces fist li dux Godefrois; més il n'estuet mie que eles soient mises en ceste estoire, car mes proposemenz est a raconter les fez d'outre mer non mie ceus de ça."[1]) Für den Verfasser der Übersetzung ist also Europa „diesseits".

Während der Übersetzer, wie wir aus Ausdrücken wie „outre mer" sehen, aus umständlichen Bezeichnungen wie (Buch 1, Kap. 1) z. B. „cele terre qui a non Palestine" für ein „Palestina" Wilhelms oder „cité de cele partie qui a non Jadre" für ein einfaches

---

[1]) Ich nehme hier die bessere Interpunktion der Ausgabe von P. Paris an.

„urbem Gazam," von Palästina und seinen Städten als von einem fremden Lande spricht im Gegensatz zu Wilhelm von Tyrus, so zeigt er mit europäischen und besonders französischen Örtlichkeiten grosse Vertrautheit. Manchmal verrät hier Wilhelm von Tyrus, dass ihm vielmehr diese europäischen Örtlichkeiten fremd sind, indem er dafür umständlichere Bezeichnungen gebraucht; z. B. Buch 1, Kap. 19 heisst es im Original „ea regione, quae Austria dicitur;" in der Übersetzung steht einfach „Osteriche." Sonst aber ergänzt der Übersetzer vielfach geographische Beschreibungen Wilhelms. Buch 1, Kap. 13 sagt der Erzbischof: „Petrus transcurrens omnem Italiam, Alpes transiens;" die Übersetzung lautet: „si passa Lombardie et les monz et vint en France." Buch 1, Kap. 29 spricht Wilhelm von einem Grafen Hermanus; der Übersetzer fügt hinzu „de Tyesche terre." Buch 1, Kap. 5 wird Boulogne erwähnt mit den Worten: „civitate Boloniensi quae est secus mare Anglicum;" der Übersetzer ist sonst nicht gewohnt, Relativsätze abzukürzen, wir werden vielmehr sehen, dass er oft kurze Appositionen in Relativsätze verwandelt; hier aber gebraucht er die heute noch übliche, zum Unterschiede von der Stadt gleichen Namens gebrauchte kurze Bezeichnung „Boulogne seur mer" und setzt dann die Bemerkung hinzu: „qui fu jadis cité, or est chastiaux en l'eveschié de Teroanne."

In diese Reihe von Belegen gehören auch einige Stellen, die uns m. E. den zuverlässigsten Beweis für die Annahme, dass die Übersetzung in Frankreich geschehen ist, und vielleicht auch zugleich einige Aufschlüsse über das engere Heimatland unseres Übersetzers geben. Es finden sich nämlich Zusätze, die eine grosse Vertrautheit mit verschiedenen Örtlichkeiten zur Voraussetzung haben. Buch 20, Kap. 12 spricht Wilhelm von einem Bischof Johannes, der „apud Parisios clausit diem ultimum." Der Franzose übersetzt dies: „Jean . . . moururent a Paris," setzt aber erstens hinzu: „et Huitace, li deans de Charmentré," zweitens: „et furent enterrez en l'iglyse Seint Victor a senestre, si comme l'en entre vers le cuer." Der letzte Zusatz beweist uns, dass der Übersetzer die Kirche genau kannte, so genau, dass er die Gräber darin und den Weg zu ihnen beschreiben konnte. Merkwürdig ist die Einfügung des „Huitace, li deans de Charmentré," von dem vorher nie die Rede war und die hier überhaupt keinen Zweck hat. Denselben Mann erwähnt unser Übersetzer noch einmal Buch 22, Kap. 7 in einem Zusatze, aber auch wieder ohne jeden Zusammenhang mit dem übrigen und ohne jede Erklärung. Ich glaube, dass dieser Huitace, dessen Name, wie aus der zweimaligen unvermittelten Einfügung hervorzugehen scheint, unserm Übersetzer sehr geläufig gewesen sein muss, sein Vorgesetzter oder Freund gewesen ist, dem er durch Erwähnung in diesem Werke eine Ehre erweisen wollte. Jedenfalls aber bedingen diese Zusätze eine enge Bekanntschaft mit dem Orte Charmentré, der im Departement Seine et Marne, Arrondissement Meaux, also nicht fern von Paris liegt. Eine ähnliche detaillierte Ortsbeschreibung wie im Kap. 12 bietet auch eine Stelle Buch 20, Kap 21., wo Wilhelm von Thomas Becket spricht: „martyrio coronatus est;" die Übersetzung aber: „fut martiriez dedenz l'yglise devant un autel qui est si com l'en vet del cloistre vers le cuer." Diese nähere Bekanntschaft mit Canterbury ist wohl auf eine Wallfahrt zurückzuführen, denn die Stadt war im Mittelalter das Ziel vieler Pilgerfahrten. Buch 1, Kap. 17 macht der Übersetzer bei Erwähnung des Grafen Thibaut von Champagne den Zusatz: „qui gist a Largny (Laigny, Leigny)" und Buch 3, Kap. 5 setzt er zu „Guiz de Possesse" (oder Porcesse; der Ort liegt 5 Meilen von Vitry)[1] hinzu „uns bers de Champaigne." Aus diesen letzten beiden Zusätzen, die m. E. hier bei weitem nicht so

---

[1] P. Paris: Guillaume de Tyr . . . Bd. 1. S. 94. Anmerkung 3.

gewichtig sind, wie die obenerwähnten, zieht P. Paris[1]) den etwas voreiligen Schluss, dass die Heimat unseres Übersetzers die Champagne gewesen sei.

Es sind noch zwei Zusätze, Buch 14, Kap. 18 und Kap. 21, hervorzuheben, aus denen wir das negative Resultat ziehen können, dass die darin genannten Landschaften Frankreichs, nämlich die Bretagne und Poitou, wahrscheinlich nicht in Betracht kommen können bei der Frage nach der engeren Heimat unseres Übersetzers: in beiden Zusätzen werden scharf absprechende Urteile gegen die Bretonen und gegen die Poiteviner ausgesprochen, Urteile, wie sie der Lokalpatriotismus in jedem Lande hervorruft; man vergleiche hiermit das Urteil des Baiern über den Schwaben, das ungefähr ebenso lautet wie das unseres Übersetzers über die Poiteviner. Buch 14, Kap. 18 erzählt, wie ein Ritter aus der Bretagne, um sich den Dank des Königs Fouques zu erwerben, unaufgefordert den Grafen von Japhe, einen persönlichen Feind des Königs, niederschlägt; dazu bemerkt der Übersetzer: „Ce puet bien estre voirs, a ce que Breton sont fol, et li rois estoit mout preudom." Buch 14, Kap. 21 heisst es vom Fürsten Raimund von Antiochien, dem Sohn Wilhelms von Poitiers: „Foi ne serement ne tenist ja por qu'il veist son aventage;" dazu meint der Übersetzer: „d'autre part de ce meintenoit il bien la coutume de son païs." Sehen wir aber von einer Bestimmung der engeren Heimat ab, so ist uns doch dies eine klar geworden, dass wir es in dem Übersetzer mit einem Mann zu thun haben, der in engem Zusammenhang mit seinem Vaterlande stand; die erwähnten Einzel-Bemerkungen können m. E. nicht einem Franzosen angehören, der aus Palästina stammte.

Ich habe noch eine Reihe von Belegen zusammengestellt, die allerdings keinen direkten Beweis für unsere Annahme bilden, wenn man jeden für sich betrachtet.

---

[1]) P. Paris: Guillaume de Tyr . . . Band 1 S. 31. Anmerkung 2.

An den anzuführenden Stellen sucht der Übersetzer oft mit kindlicher Naïvität seine Landsleute und Frankreich in den Vordergrund zu stellen. Buch 1, Kap. 17 setzt er hinzu: „Merveilleuse chose estoit a veoir el resgne de France". An anderer Stelle wird uns von Ägyptern erzählt, die die Kreuzfahrer beglückwünschen und bewundern wollen. Wilhelm von Tyrus sagt: „audierant .... de viribus et gloria huius populi qui ab occidente descendens orientem subjecerat;" der Übersetzer indessen schreibt: „desirroit a accointer cele gent de France, dom il avoit tant oï parler". Buch 12, Kap. 8 macht der Übersetzer unvermittelt den Zusatz: „la terre qui est si douce, c'est la France". Buch 16, Kap. 25 fügt er hinzu: „li François qui sont la gent el monde qui mieuz le (Jesus Christus) croient et plus l'enneurent". Buch 17, Kap. 5 wird von einem Verrate der Barone Palästinas erzählt. Da der Übersetzer bisher immer nur hat Franzosen handeln lassen, fühlt er sich gedrungen, die Schuld des Verrates diesmal ausdrücklich auf die Barone syrischer Abkunft zu schieben: „Bien est voirs que cil barons furent de la terre de Surie". Buch 13, Kap. 10 wird von der Tapferkeit eines Jünglings bei der Belagerung von Tyrus gesprochen, der Franzose setzt hier zu dem „juvenis" Wilhelms hinzu „de France", macht also den heldenmütigen Jüngling zum Franzosen.

Diesem eben geschilderten Bestreben, Frankreich und die Franzosen hervorzuheben, und den erwähnten lokalpatriotischen Regungen des Übersetzers gesellt sich das zugleich historisch sehr interessante Bemühen bei jeder Gelegenheit, die sich ihm bietet, einen Ausfall auf die „Thyois", die Deutschen, zu machen. Ich führe einige dieser Bemerkungen an. Buch 1, Kap. 23 fügt der Übersetzer zu dem „Theutonici" des Erzbischofs unvermittelt hinzu: „qui sont une gent mout effree", d. h. „die ein sehr feiges Volk sind." Buch 9, Kap. 8 nennt Wilhelm von Tyrus die Sachsen „populus inter Germanicas nationes ferocissimus". Der Übersetzer aber muss dieses Beiwort noch verschärfen und in malam partem wenden: „La gent de Sessonge, qui estoient li plus cruël et li plus fel de tous ceuls d'Allemenge". Aus dieser Bemerkung schimmert seine Meinung über die Deutschen überhaupt hervor; treulos sind sie alle für ihn, die Sachsen aber am treulosesten. Buch 17, Kap. 4 wird von dem Heldenmut Kaiser Konrads III. und seiner Deutschen berichtet, die in einem Kampfe den Ausschlag geben. Der Übersetzer giebt dies zwar auch wieder; aber ihn wurmt das Lob, und er muss wenigstens herabsetzend hinzufügen: „li Thyois, qui sevent pou de touz atiremenz d'armes, einz sont une gent qui riens ne pueent soufrir".

Wilhelm von Tyrus schreibt klar und durchsichtig, knapp und kurz; sein Denken, allem Gewaltsamen abgeneigt, ist immer erhaben und immer gemässigt, selbst da, wo er polemisiert. In Zitaten aus Ovid, Virgil, Horaz, Lucanus, Livius, Cicero, Juvenal u. a. zeigt er dem Leser die Fülle und Reichhaltigkeit seines Wissens und seiner Belesenheit, zeigt er die Quellen, aus denen er seine Bildung geschöpft hat. H. Prutz[1]) weist auch auf den Einfluss hin, den die Bibel, das Alte Testament und besonders die Psalmen auf den erzbischöflichen Geschichtsschreiber ausgeübt haben, und nennt seine Sprache eine „geradezu alttestamentliche". Wilhelm nimmt auch fast auf jeder Seite Bezug auf Bibelstellen, doch thut er dies nicht, wie ebenfalls an obengenanntem Orte gesagt wird, von kirchlichen oder nur religiösen Gesichtspunkten aus. Bei aller Anerkennung der hervorragenden Schönheiten des Werkes, die auf ein bewusst künstlerisches Streben Wilhelms schliessen lassen, muss Prutz doch feststellen, dass „die einseitige Betonung der formalen Seite eine gewisse Künstelei in Ausdruck und Stil hervorbringt", die sich manchmal bis zum Phrasengeklingel verirrt. Eigene Anschauung und eigenes Erlebnis verleihen den Aus-

---

[1]) H. Prutz: Studien über Wilhelm von Tyrus. Neues Archiv. 1883.

führungen Wilhelms besonderen Reiz, besondere Lebendigkeit. Wenn uns nicht schon die biographischen Zusätze und Notizen bewiesen, dass wir es in Wilhelm von Tyrus mit einem der hervorragendsten Geister seiner Zeit zu thun haben, so könnte es uns Stil und Auffassung dieses Werkes lehren. Er hat ihm sein ganzes Wesen, seine Weltanschauung aufgeprägt, das ist das Wesen eines Mannes, der auf den Höhen der Zeit zu wandeln gewohnt war, der von Natur und Geburt dazu berufen war, ein führender Geist zu sein. Gröber sagt,[1]) dass seine Geschichte im Mittelalter unübertroffen dasteht, dass er, was die Methode seiner Geschichtsschreibung angeht, sich bemüht, die Ursachen der Ereignisse blosszulegen, dass er weiter Vorbild für eine Reihe folgender Historiker geworden ist. Prutz[2]) äussert: „Wilhelm von Tyrus hat geradezu auf Jahrhunderte hinaus die Auffassung und Darstellung der Kreuzzüge in ganz bestimmte Bahnen gewiesen" oder an anderer Stelle: „des Tyrischen Erzbischofs Arbeit ist geradezu der Höhepunkt in der Entwickelung des Mittelalters überhaupt".

Der Bedeutung und Vorzüglichkeit seines Werkes entspricht es auch, wenn wir erfahren, dass diese Geschichte der Kreuzzüge nicht nur ins Französische, sondern ins Spanische, Italienische und Englische übersetzt ist und dass die Übersetzungen wieder, wie die mannigfachen Redaktionen, die zahlreichen Manuskripte[3]) beweisen, weit verbreitet waren. Riant[4]) berichtet uns, dass sogar im fernen Norden die Königin Isabella von Norwegen, Gemahlin des Königs Erik Magnussohn (1280—99), ein prächtiges Exemplar der „Conqueste d'outre mer" in französischer Sprache besass.

---

[1]) Gröber, Grundriss der roman. Phil. Bd. 2 S. 311.
[2]) Prutz, Kulturgeschichte der Kreuzzüge S. 458.
[3]) Archives de l'Orient latin I. S. 247.
[4]) Riant: Les Expeditions des Scandinaves en Terre Sainte. S. 432.

Die Schriftsteller des Mittelalters waren nicht sehr skrupulös in der Aneignung fremden litterarischen Eigentums, wie uns z. B. das Verhältnis Bernards Le Trésorier zu den Fortsetzungen der Übersetzung des lateinischen Werkes beweist.[1]) Der Franzose aber, der Wilhelms Geschichte übertrug, bekennt offen und ehrlich an mehr als einer Stelle, dass sein Werk kein Original, sondern Übersetzung ist, in dem er an Stellen, wo Wilhelm von Tyrus selbst handelnd in die Geschichte tritt und in dem üblichen „nos" von sich spricht, den Zusatz macht: „cil qui ce livre fist en latin (Buch 21, Kap. 9)" oder „cil arcevesques qui ceste estoire mist en latin (Buch 22, Kap. 4)".

Die französische Übersetzung hat das Original nicht unbedeutend verkürzt durch zahlreiche später zu behandelnde Auslassungen. Es fehlt auch nicht an Zusätzen, besonders einige Bücher, wie das 1. und 12., scheinen mit grossem Interesse behandelt zu sein. Das 1. Kapitel des 12. Buches gehört bis zum Worte „chief" dem Übersetzer allein an und ist der einzige Zusatz, der wirklich etwas Neues bringt. Sonst bestehen die Zusätze meist nur aus wenigen Worten; nur die mit religiösen Betrachtungen und Schlachtenbeschreibungen gefüllten erstrecken sich auf mehrere Zeilen. Oft besteht die eigene Arbeit des Übersetzers nur darin, dass er die Bemerkungen, die Wilhelm von Tyrus in früheren Büchern zu Personen oder Sachen macht, bei gelegentlicher späterer Erwähnung derselben wiederholt. (Vergl. Buch 16, Kap. 14, wo der in Frage kommende Zusatz auf eine Bemerkung Wilhelms in Buch 4, Kap. 2 zurückgeht.) Zusätze, bei denen fremde Geschichtsquellen zu Rate gezogen sind, suchen wir vergebens. Die Zusätze werden später im einzeln näher betrachtet werden.

Mehrere Male hat der Übersetzer den Stoff etwas anders geordnet, z. B. Buch 12, Kap. 1—3 (vergl. Anhang);

---

[1]) Mas Latrie: Ernoul. S. 489.

Buch 6, Kap. 14 hat einige Bemerkungen über einen deutschen Grafen Hermann aus dem Kap. 22 vorweggenommen. Buch 6, Kap. 7 ist der Satz „Par defaute" bis „avoir" fälschlich von Beugnot als Zusatz angesehen und in Klammer gesetzt; er ist vielmehr aus dem Ende des Kapitels vorausgenommen; Buch 14, Kap. 4 thut dasselbe mit einigen Namen in dem Satze: „c'estoit li quens Poinces de Triple, Jocelins le joennes, quens de Rohés, Guillaumes de Seone".[1]) Im Allgemeinen aber hält sich die Übersetzung streng an ihre Vorlage, indem sie zwar meist nicht wörtlich überträgt, aber sich doch bemüht, die Gedanken des Originals Satz für Satz wiederzugeben. Schon der erste Satz gewährt uns einen klaren Blick in die Übersetzungsweise des Franzosen, er lautet lateinisch und französisch, wie folgt:

„Tradunt veteres historiae *(et idipsum etiam habent Orientalium traditiones)* quod, tempore quo Heraclius Augustus Romanum administrabat imperium,

Mahumeth primogeniti Sathanae, qui se prophetam a Domino missum mentiendo,

Orientalium regiones, et maxime Arabiam seduxerat, ita invaluerat doctrina pestilens, et disseminatus languor ita universas occupaverat provincias, ut ejus successores jam non exhor-

„Les anciennes estoires dient que Eracles qui mout fu bons Crestiens governa l'empire de Rome.

Més en son tens Mahomez avoit ja esté qui fu mesages au deable, et il fist entendant que il estoit prophetes envoiez de Damledieu.

El tens Eracles estoit ja la desloiautez et la fausse loi que il sema espandue par toutes les terres de l'Orient et momeement en Arrabe, que li princes des terres ne tenoient mie a ce que

---

[1]) Die Ausgabe Beugnots hat hier falsch interpungiert.

tationibus vel praedicatione, sed gladiis et violentia in suum errorem populos descendere compellerent invitos.

l'en enseignast et amonestast a croire cele male aventure, einçois contreingnoient par force et par espee touz leur sougiez a obeïr au commandement Mahomet et a croire en sa loi".

Die Vergleichung beider Texte zeigt, dass wir es in Wilhelm von Tyrus mit einem Historiker, im Übersetzer aber nur mit einem Erzähler zu thun haben; d. h. Wilh. von Tyrus will ein wissenschaftliches Werk schreiben, der Übersetzer will unterhalten. Dieser Zug charakterisiert die ganze Arbeit des Franzosen. In ein Satzgefüge bannt Wilhelm die Geschichte des Islams in seiner ersten Entwicklung; es ist ihm darum zu thun, in grossen Zügen die vergangene Geschichte des Orients als Einleitung zu seiner Geschichte des Heiligen Landes zu geben, um schnell an seine eigentliche Aufgabe gehen zu können. Der Übersetzer scheint diese Absicht Wilhelms nicht zu bemerken und zieht den Satz in behaglicher Breite auseinander. Er stellt die Zeitbestimmung „tempore quo Heraclius Augustus Romanum administrabat imperium", die in den Hauptsatz „Tradunt veteres historiae quod . . ." eingeschaltet ist, als den eigentlichen Zweck und Inhalt des Hauptsatzes voran, indem er sagt: „Les anciennes estoires dient que Eracles qui mout fu bons Crestiens governa l'empire de Rome". Fast vermutet man nach dem ersten Satze, es sollte uns römische und nicht muhammedanische Geschichte erzählt werden. Man sieht, dass dem Übersetzer die Kunst und das Verständnis dafür fehlt, schon durch Bau und Stellung des Satzes, in den die Gedanken gekleidet werden, ihre Wichtigkeit anzudeuten. Wir erhalten hier an Stelle eines lateinischen Satzgefüges vier Hauptsätze teils aus den lateinischen Relativsätzen, teils aus den von Konjunktionen abhängigen Sätzen. Die Ablativi

Absoluti werden fast immer in Hauptsätze verwandelt; ein Beispiel bietet der erste Satz: „se prophetam a Domino missum mentiendo" wird zu „il fist entendant que il estoit prophetes envoiez de damledieu". Ähnlich geht es meist den abhängigen Partizipialkonstruktionen, wie der zweite Satz (Buch 1, Kap. 1) beweist: „cum enim praedictus Augustus, victor reversus de Perside, unde crucem Dominicam cum gloria reportaverat, adhuc in Syria moram faceret . . . .". Hier wird das Partizipium „victor reversus" zu einem von „quant" abhängigen Nebensatz; der Relativsatz „unde crucem . . . . . reportaverat" zum Hauptsatz und dem ebenfalls zum Hauptsatz gemachten von cum abhängigen Nebensatz „cum Augustus . . . faceret" gleichgestellt. Der Satz lautet demnach im Französischen; „Quant Eracles ot conquise Persse . . . . ., il en raporta la voire croiz en Jerusalem . . . . et demora en la terre de Surie . . .". Verhältnismässig gering sind dagegen Sätze, die von Konjunktionen abhängig sind, wie „tandiscom, quant, porce que". Der lateinische Geschichtsschreiber fasst die Thatsachen in einem kunstvoll aufgebauten Satz zusammen, der fast immer auch seinem Inhalte nach ein abgeschlossenes Ganze bildet, z. B. erzählt der erste Satz die Anfänge des Muhamedanismus. Der Franzose hat sich die Übersetzung leicht gemacht; er hat den einen lateinischen Satz in eine grössere Anzahl von selbstständigen, meist Hauptsätzen, auseinandergezogen und die Gedanken, ungeachtet ihrer Bedeutung für den Inhalt, gleichwertig nebeneinander gestellt; oft ohne das kausale, konsekutive oder temporale Verhältnis derselben zu berücksichtigen. Zuweilen wirkt dieser Umstand störend auf den Leser, da der Übersetzer manchmal die Chronologie der Ereignisse in Verwirrung bringt.

Es ist aber hervorzuheben, dass der Franzose sich ganz frei hält von der Neigung, zu latinisieren, die hier um so näher lag, als er unter dem überwältigenden Eindruck einer geradezu meisterhaft gehandhabten Sprachkunst stand; die Übersetzung ist durchaus französisch in Stil und Ausdruck und entbehrt fast ganz der Unbeholfenheit und Plumpheit, die vielen Übersetzungen sonst anhaftet. Es ist daher wohl zu verstehen, dass man bei vielleicht nur oberflächlicher Durchsicht auf den Gedanken kam, der französische Text sei das Originalwerk und der lateinische die Übersetzung, wie dies Beugnot Praefatio XXIII—XXIV seiner Ausgabe erwähnt.

Es ist unzweifelhaft, dass unter den Händen des Übersetzers die Arbeit des Tyrischen Erzbischofs sowohl als Geschichtswerk, als auch besonders von stilistischer Seite betrachtet, viel von ihrem Wert eingebüsst hat, dass sie vergröbert worden ist. Eins jedoch müssen wir bei der angestellten Vergleichung des Stiles der beiden Werke bedenken: Auf der einen Seite wird in einer Sprache zu uns gesprochen, an der die grössten Schriftsteller der Erde seit Jahrhunderten gebaut und gefeilt haben, die durch Werke auf allen Gebieten der Kunst und Wissenschaft elegant und geschmeidig geworden war, auf der anderen Seite aber in einer zwar auch sehr bildungsfähigen Sprache, die sich indessen aus allerlei Mundarten, in die sie zerfiel, erst seit verhältnismässig kurzer Zeit zu einer Litteratursprache emporgerungen hatte. P. Paris[1]) sagt hierauf bezüglich: „Les Français avaient attendu les croisades pour apprendre que leur langue était grammaticale, et qu'ils pouvaient composer des livres dans cette langue parlée, comme les clercs dans celle, qu'on ne parlait plus." Noch oft finden sich Stellen in der Übersetzung, wo man sagen kann, dass die französische Sprache die Mittel versagt, die das lateinische in reichem Masse besitzt. Manche Wendungen haben erst weitläufig umschrieben werden müssen oder sind auch falsch übersetzt worden. Z. B. wird Buch 1, Kap. 4 „inter Aegyptos et Persas erat de monarchia contentio" zu „grant

---

[1]) P. Paris: Guill. de Tyr . . Pref. II.

contenz sourdi entre les mescreanz d'Egypte et les mescreanz de Persse, quar chascun de ces genz voulait avoir la seignorie seur l'autre;" oder Buch 1, Kap. 11 „Petrus .... qui re et nomine cognominabatur Heremita" zu „por ce (que) l'apeloit l'en Perron l'Ermite;" oder Buch 12, Kap. 5 „Siciliae comitissa, quae praedicti domini regis Balduini, de facto, etsi non de jure, uxor fuerat" zu „la contesse de Sezile, de qui vos oïstes qui li rois Baudoins l'avoit tenue comme sa fame, més ele ne li fu pas loiaument espoussee, por ce s'en depart il aprés;" und Buch 13, Kap. 7 „ancipiti Marte" zu „Li contenz estoit autresint ..... comme tot igauz, ne l'en ne pooit mie trés bien savoir li quel en avoient le meilleur." Buch 3, Kap. 22 gelingt es dem Übersetzer nicht einmal, den Sinn des Satzes wiederzugeben; für „facientes de necessitate virtutem" setzt er „il firent ce qu'il porent." Direkt falsche Übersetzungen,[1]) die auf Missverständnis des lateinischen Textes beruhen, finden wir nur wenige: Buch 11, Kap. 14 heisst es von der christlichen Flotte: „Classis quoque nihilominus a portu Acconensi egressa, illuc properaverat ita ut pene eodem momento uterque exercitus ante urbem conveniret." Unser Franzose aber versteht unter „classis" eine von den Türken in Accon entsandte Flotte, trotzdem er wenig vorher berichtet hat, dass diese Stadt in christliche Hände gekommen war, und sagt: „Une grant navie de Turs estoit meue de la cité d'Acre por venir aidier a leur genz de Saiete, etc." Buch 12, Kap. 22 wird „habentes (naves) singulae remos centenos, quibus singulis duo erant remiges necessarii" mit „en chascune ot deus gouvernaux et cent nageeurs" übersetzt. Buch 17, Kap. 17 überträgt der Franzose das lateinische „Decesserant itaque ecclesiae Antiochenae in partibus illis tres archiepiscopi, .." (d. h. dem Patriarchat von Antiochia gingen durch den Fall Edessas drei Erz-

---

[1]) Vergl. die betreffenden Kapitel in der Ausgabe von P. Paris.

bistümer verloren) mit „En cele seson furent morz trois arcevesques qui estoient souz le patriarche d'Antioche:.."

Aber wenn wir auch dies alles berücksichtigen, müssen wir doch bei dem Urteil beharren, dass dem französischen Übersetzer die Fähigkeit zu einem künstlerischen Stil abging. Es soll dafür noch eine Anzahl Beweise bei der folgenden Betrachtung des „Stiles im höheren Sinne" vorgebracht werden.

Eine bedeutende Vergröberung zeigt er bei der Übersetzung von Appositionen und Ortsbestimmungen. Buch 1, Kap. 1 charakterisiert Wilhelm von Tyrus kurz und markig, aber gerade durch diese Kürze um so packender, Muhamed mit den Worten „primogeniti Sathanae;" schwächlich dagegen klingt der Relativsatz des Übersetzers: „Mohamez qui fu mesages au deable," wo auch der Franzose, die feinsinnige Parallele nicht fühlend, die mit diesem Beiwort zu Jesus „Gottes eingeborenen Sohn" gegeben ist, das „primogenitus" durch das mattere „mesages" ersetzt. Wenn Wilhelm schreibt „Palestina," übersetzt der Franzose „cele terre qui a non Palestine;" finden wir bei jenem ein „urbem Gazam," so hat dieser „cité qui a non Jadre" und Ähnliches.

Der Stil Wilhelms von Tyrus zeigt uns den Historiker, der im Bewusstsein der Gewaltigkeit seines Stoffes in grossen Zügen schildert, das Wesentliche vom Unwesentlichen sich scharf abheben lässt. Er kümmert sich weniger um kleine Episoden und Einzelheiten; er stellt die Thatsachen meist als vollendet hin und überlässt es dem Leser, sich z. B. die Alltäglichkeiten, die sich vom Beginn bis zur Katastrophe einer Handlung vollziehen, hinzuzudenken.

Buch 1, Kap. 1 erzählt der Erzbischof: „Postquam fines Damascenorum ingressus Damascum expugnaverat;" der Übersetzer aber führt uns erst den gewöhnlichen Verlauf einer Belagerung vor: „se trest vers Damas et asist la cité et asailli et la prist a force." In ähnlicher

Weise wird das lateinische „egregiam Palestinorum urbem Gazam iam occupaverat violenter" übersetzt mit „vint en cele terre, qui a non Palestine et ot ja prise par force une mout forte cité de cele partie, qui a non Jadre." Noch charakteristischer ist eine Stelle in Buch 1, Kap. 1, wo der Rückzug des Kaisers Heraclius mit den Worten „eo discedente," erwähnt wird. Die Eile des Rückzuges, auf die man aus den kurzen Worten schliessen muss, schien dem Übersetzer wahrscheinlich für einen Kaiser zu herabsetzend, und deshalb lässt er ihn erst einen Kriegsrat abhalten und schreibt: „si ot conseil a ses genz et fu tiex conseil qu'il s'empartist." Zu diesem Rückzuge bewog den Kaiser die Übermacht der Feinde. Diese Übermacht wird konstatiert, und Wilhelm fährt dann fort: „quod cum ei nuntiaretur quod..." Der Übersetzer aber schreibt: „si envoia bones espies et loiaux en qui il mout se fioit pour veoir et encherchier leur couvine, que il vouloit mout savoir si il porroit cele gent atendre en champ ou reuser aus et chacier des terres et des citez, qui obeïssent a la Chrestienté et a l'Empire; més quant li mesage revindrent, il aprist certeinement que..." Die vornehme Art Wilhelms von Tyrus überlässt es oft dem Leser, Beziehungen und Ergänzungen selbst zu finden, verlangt eine gewisse Gedankenarbeit von ihm. Der Übersetzer glaubt diesem Mangel abhelfen zu müssen; wo Wilhelm ein persönliches Pronomen hat, setzt er daher meist den Namen ein und fügt oft noch zum Überfluss hinzu: „si comme ge vos ai dit dessus", oder „dont ge vos parlé dessus." Bezeichnend für die ängstliche Sorgfalt, mit der der Übersetzer bemüht ist, etwaigen Verwechselungen und Missverständnissen vorzubeugen, ist der Zusatz in Buch 4, Kap. 7, wo eine Stadt „Maresse" erwähnt wird: „ce n'est mie cele dont ge vous ai parlé desus quar ele a non Marasse," und in Buch 11, Kap. 16 bei Nennung der Stadt Cesaire: „Ce n'est mie cele Cesaire qui est archeveschié en la terre de Surie, einz est une autre."

Oft wiederholt er zusammenfassend eine ganze Reihe von Thatsachen; besonders repetiert er gern am Anfang eines neuen Kapitels den Inhalt des vorangegangenen. Z. B. handelt das ganze sechste Kapitel in Buch 22 von dem unchristlichen Leben Bohemunds; das siebente Kapitel beginnt der Übersetzer aber nochmals mit „Honteuse vie menoit en ceste maniere li prince Buiemonz en cel tenz." Dasselbe zeigt in Buch 1, Kap. 11 der Zusatz: „Bien vos ai dit desus que de meintes terres venoient pelerins en Jherusalem." Solche Zusätze unterbrechen oft unangenehm den Fluss der Erzählung; aber es geht daraus deutlich das Bestreben des Übersetzers hervor, die Geschichte des Erzbischofs sich und andern verständlicher, deutlicher, bequemer zu machen. Der Franzose erreicht in der That, wie wir sahen, eine für unsere Begriffe fast lästige, aufdringliche Deutlichkeit.

Wilhelms Stil und Methode, seine ganze aus diesem Werke sprechende Weltanschauung setzt einen hochstehenden Mann voraus, verlangt ein gebildetes, ja gelehrtes Publikum. Die Übersetzung ist, wie wir wissen, kurz nach 1190 geschrieben. Das christliche Europa lebte und webte damals noch in den Ideen der Kreuzzüge, in Stadt und Dorf, in Burg und Hof lauschte man gern dem Singen und Sagen von christlichen Heldenthaten, von orientalischer Märchenpracht. Da können wir verstehen, dass man einem Bedürfniss entgegenkam, wenn man diese lateinische Geschichte des Erzbischofs, das klassische Geschichtswerk der Kreuzzüge, ins Französische übertrug und so weiteren Kreisen zugänglich machte, es lässt uns aber auch zugleich ahnen, in welchem ganz anderen Geiste die Übersetzung geschrieben sein muss. Der Übersetzer schreibt für eine grössere Masse und steht an Bildung selbst nicht viel höher als diese; er will ja auch nicht Geschichte bringen, er will eine Chanson de geste in Prosa schreiben. Eine grosse Reihe von Auslassungen und Zusätzen, unter diesem Gesichtspunkt betrachtet, bringt noch Beweise für die hier aufgestellten Behauptungen. Wilhelm von Tyrus eröffnet sein Werk mit einem Prolog, in dem er von seiner Auffassung und den Mühen der Geschichtsschreibung spricht, Namen wie Scylla und Charybdis nennt, von seinen Quellen erzählt. Desgleichen sind dem 16. Buch einige Bemerkungen vorausgeschickt, worin Wilhelm von Tyrus ankündigt, dass er von nun ab auf Grund eigener Erlebnisse, nicht nach fremden Quellen mehr schreibe. Alles dies sind Dinge, die wohl den Historiker interessieren; der Übersetzer aber übergeht den Prolog, wie noch heute der gewöhnliche Mann die Vorrede eines Buches überschlägt. Der Franzose lässt auch fast sämtliche Zitate aus Dichtern und anderen Geschichtsschreibern unübersetzt. Diese Zitate sind meist voll von mythologischen Beziehungen, die weiten Kreisen fremd und unverständlich waren. Es finden sich hierfür Beispiele in jedem Buche in Menge. Ganz unverständlich musste jedem Leser, der nicht klassische Bildung genossen hatte, Odyssee und Ilias nicht gelesen hatte, das bekannte Horazische Wort sein: „Quandoque bonus dormitat Homerus" (Buch 5 Kap. 9), der Übersetzer lässt diese Worte auch demgemäss einfach fort. Hervorzuheben ist hier noch Buch 4, Kap. 10, wo Wilhelm bei der Beschreibung der Lage Antiochias den ganzen Apparat seiner mythologischen Kenntnisse hervorkramt, von Bacchus, Apollo, Pegasus, Daphne, der kastalischen Quelle, Parnassus u. a. spricht und Ovids Metamorphosen zitiert. Es ist nun nach Obengesagtem nicht zu verwundern, wenn dieses Kapitel in den Händen des Übersetzers zu einem Drittel seiner Grösse zusammenschrumpft, indem sämtliche mythologischen Namen und Beziehungen, sowie sämtliche Zitate verschwinden. Sehr bemerkenswert ist die Behandlung eines Zitates in Buch 1, Kap. 3. Wilhelm spricht hier von Harun al Raschid und Karl dem Grossen und lässt ganz nach Art des vornehmen Historikers über die Beziehungen der beiden

Männer einfach seine Quelle, die bekannte „Vita Einhardi" sprechen, indem er den Fluss der Erzählung unterbricht und sagt: „de quo ita legitur in vita praedicti viri gloriosi". Der Übersetzer aber erzählt in einem Guss ohne Erwähnung eines Zitates; man merkt ihm fast an, wie er bei dieser sagenumwobenen Gestalt in höheren Schwung gerät: „li bons empereres qui tant de travail souffri pour damledieu et tant essauça la foi Jesuchrist".

Wir zogen aus der Auslassung von Zitaten den Schluss, dass der Übersetzer für eine grössere Menge schreibt und selbst nicht viel höher als diese steht. Den gleichen Schluss können wir aber auch aus dem Gegenteil, der Übersetzung von Zitaten ziehen; diese übersetzten Zitate stammen mit wenigen Ausnahmen aus der Bibel oder den Kirchenvätern. Der Übersetzer vermehrt ihre Zahl noch durch eigene Hinzufügung; wir fühlen aus diesen Zitaten und den zahlreich sonst eingeflochtenen religiösen Beziehungen, Warnungen und Mahnungen die Absicht kirchlicher Erziehung und Belehrung heraus. Dieser Absicht konnten aber die anderen lateinischen Zitate, die von „Göttern und heidnischem Greuel" erzählten, nur hinderlich sein. Ausserdem konnten die poetischen Zitate selbstverständlich auch nur in der Ursprache wirken; sie hätten aber dann wieder wenig Verständniss bei dem lateinunkundigen Volke gefunden, und zu einer poetischen Übersetzung war der Franzose gewiss nicht befähigt. Nur ein einziges Zitat aus Ovid ist zu finden, das der Franzose wenigstens dem Sinne nach übersetzt: „Non habet eventus sordida praeda bonos", „car ce est la costume de chose legierement acquise" (Buch 18, Kap. 10).

In der Erzählung des Übersetzers konnten ebenfalls die sachlichen Bemerkungen Wilhelms, wo er angiebt, dass er von irgend einer Sache später reden wolle, oder dass er oder ein anderer Historiker über irgend etwas an anderer Stelle geredet hätte, keinen Platz finden; denn sie waren und sind zwar noch heute für den Historiker von grösster Wichtigkeit; für den Leser der Übersetzung hatten sie kein Interesse und konnten, wenn sie übersetzt wurden, nur störend wirken, vielleicht gar den Unmut der Hörer darüber erregen, dass ihnen hier etwas vorenthalten würde. Beispiele bieten Buch 1, Kap. 1, 2, 3. Buch 22, Kap. 8 spricht der Erzbischof von der christlichen Sekte der Maroniten, von ihrer Verdammung auf der sechsten Synode und dem Unterschied ihrer Lehre von der katholischen. Die Maroniten gehören zu den monophysitischen Sekten der christlichen Kirche, die die katholische Lehre von den zwei Naturen in Christus verwerfen und nur eine Natur in ihm sehen. Der Übersetzer lässt diese Unterscheidung fort, denn das Volk konnte für diese dogmatische Streitfrage weder Verständnis, noch Interesse haben. Bezeichnend ist hier wieder, dass der Übersetzer mit Eifer die Verdammung und abfällige Kritik der maronitischen Lehre wiedergiebt, trotzdem er sie vielleicht garnicht verstand, und sie noch verschärft durch Wörter wie „folie, fausseté." Geographische Beschreibungen kürzt der Franzose so viel als möglich ab (vgl. Buch 13, Kap. 2.) in dem richtigen Gefühl, dass es für die meisten schwierig oder fast unmöglich ist, sich nach dürren Worten ein klares Bild von der Lage und natürlichen Beschaffenheit einer Stadt oder eines Schlachtfeldes zu machen. Verträge und Edikte, die der Erzbischof oft im Wortlaut wiedergiebt, wahrscheinlich auf Grund eigener Durchsicht der ihm offenstehenden Archive seines Landes, werden auf eine kurze Inhaltsangabe beschränkt. (Vgl. Buch 12, Kap. 25; Buch 11, Kap. 12.) Ebenso verfährt der Übersetzer meist mit den Reden. Buch 1, Kap. 15 bringt Wilhelm die Rede des Pabstes Urban in Clermont; hiervon giebt der Übersetzer nur einen aus wenigen Sätzen bestehenden Auszug wieder. Gern aber berichtet er von der glänzenden Menge, die diese Rede hörte, gern von der Begeisterung, die ihr folgte, und er weiss oft packendere Bilder als der Erzbischof zu geben; aber diese Rede dünkt ihm eigentlich überflüssig zu sein. Man spürt es, sein Herz hängt an ritterlichen, glänzenden Thaten, seine Feder will von Kampf und Abenteuer erzählen. Der Geist, der zu uns aus dieser Übersetzung spricht, ist der Geist der Epen, der Chansons de Geste. Es ist auch nicht zu verwundern, wenn dieser Stoff, der Kampf gegen die Ungläubigen, um den sich die poetische Gestaltungskraft aller abendländischen Völker bemüht hat, wenn die Erzählung all dieser ritterlichen Heldenthaten, die einen Abglanz auf fast jede Dichtung des Mittelalters geworfen haben, beinahe epische Gestaltung findet bei diesem Manne, der mit allen Fasern seines Wesens im Volke wurzelt, aus dessen Übersetzung man, um mit bekanntem Worte zu reden, den „Erdgeruch nationalen Lebens" spürt, im Gegensatz zu Wilhelm von Tyrus, dem internationalen Kirchenfürsten. Wir können also sagen, die Geschichte des Erzbischofs wird in der Übersetzung poetisiert und popularisiert. Dafür liegen noch eine Menge von Beweisen und Anzeichen vor, aus denen einige hier herausgegriffen seien. Buch 22, Kap. 28 wird ein Ritter erwähnt, der bei der Verteidigung einer Burg sich hervor thut und sie durch seine Tapferkeit rettet. Die Türken haben die Christen bei einem Feste überrascht; in wilder Hast drängen sich die Flüchtigen über eine Brücke in die Burg, und fast hätten sich die nachsetzenden Feinde auch den Eingang erzwungen, „nisi unius equitis, cui nomen Yvenus erat, restitisset admiranda probitas," so spricht Wilhelm. Der Übersetzer aber erzählt ausführlich, wie dieser Ritter, der den sagenberühmten Namen Yvenus (Yveins) trägt, sich dort tapfer hält („le fist iluecques trop bien"), wie er sich vor die Brücke stellt, ab und zu Ausfälle auf die Feinde macht, rechts und links Hiebe austeilt („einçois se feroit mout souvent entre les Turs et fesoit de trop biax coux a destre et a senestre"), wie er viele, tot und verwundet, niedermetzelt (trebuchoit), wie die Feinde von allen Seiten auf den alleinstehenden schiessen, aber keiner

wagt, ihm nahe zu kommen, und wie er sich endlich nach
„wunderbaren Schlägen" fechtend zurückzieht. Hier mag
nun gerade der Umstand, dass der Ritter, um den sich
die Erzählung dreht, „Ivein" heisst, die besondere Veranlassung zu einer Ausschmückung dieser Kampfszene gewesen sein. Buch 5, Kap. 6 nennt Wilhelm bei einer
Schlacht „Hugo Magnus regii memor sanguinis;" der
Franzose übersetzt „Hues le meinnez n'oublia mie ... de
quel gent il estoit et de quel lignaige" und setzt hinzu:
„einçois sembloit a toz ceus qu'il encontroit et as cox
qu'il feroit sur ses anemis que toute la besongne fust seue."

Man sieht, wie sich der Übersetzer an diesen Heldenthaten begeistert und ganz wie im Epos immer wieder
voller Waffenlust die mächtigen Schläge der Ritter hervorhebt. Buch 1, Kap. 5 wird der Märtyrertod eines
Christen in Jerusalem erzählt, und auch diese christliche
Heldenthat wird vom Übersetzer weit ausführlicher behandelt, als es sonst geschieht. Das Gleiche können wir
bei Schlachtenbeschreibungen bemerken, die beim Übersetzer stets einen grossen Raum einnehmen und reichliche Zusätze aufweisen, z. B. Buch 21, Kap. 23, Buch 18,
Kap. 28. Buch 3, Kap. 19 ist von Tankred die Rede,
jenem Helden der Kreuzzüge, der zur Idealfigur eines
Ritters erhoben, die Fantasie der abendländischen Völker
so mächtig auf sich gezogen hat. Wilhelm erzählt, dass
Tankred nach Cilicien gelangt und dann Tarsos belagert.
Der Übersetzer aber sagt: „Tancrez chevauchoit parmi
la terre querant aventures tant que il vint en Cilice,"
ganz im Sinne mittelalterlicher Epen, die den echten
Ritter beständig auf der Suche nach Abenteuern zeigen.
Oft kindlich und echt volkstümlich ist die Freude des
Franzosen an glänzenden Gewändern, an kostbaren Edelsteinen und Kleinodien; darum übersetzt er mit Eifer und
Liebe die Schilderungen der Pracht am byzantinischen
Hofe (z. B. Buch 20, Kap 23.). Er schreibt nicht nur in
den Anschauungen, in dem Geiste der Epen, er bedient

sich auch zuweilen ihrer poetischen Mittel. Auf ihren Einfluss sind die immer wiederkehrenden formelhaften Wendungen, Vergleiche, Übertreibungen und Beiwörter zurückzuführen.

Mit Thränen und Seufzern geht er sehr verschwenderisch um, und bei jeder einigermassen passenden Gelegenheit sagt er: „ne se pot tenir que il ne soupirast mout de par font et ploroit mout grosses lermes de pitié" oder „fist oroison a mout grant planté de lermes" oder „leur demanda aide a granz pleurs et beles paroles". Es ist bekannt, dass die mittelalterlichen französischen Epen ihre Helden oft und sehr viel weinen lassen,[1]) was man durchaus nicht mit Mannhaftigkeit und Heldentum für unvereinbar hielt. Gröber (Grundriss der roman. Phil. Bd. II, 1. Abt. S. 439) sieht hierin eine Offenbarung des französischen Charakters und hält diese fast weibliche Weichheit für ein altes gallisches Erbteil. Den Empfang von Gästen schildert der Übersetzer immer mit den Worten: „mout leur fist avoir grant ennor" und ähnlich. Fürsten und Ritter haben stets die Beiwörter: „mout sages hom et bon chevaliers" oder „bons chrestiens" oder „sages hom et de grant cuer" oder „biaux seignor" Auch Völker haben fast stets dieselben Epitheta zur Seite, z. B. die Griechen. Wilhelm von Tyrus hat sie ein paar Mal „effeminati" genannt, infolgedessen sehen wir diese wenig schmeichelhafte Bezeichnung fast immer ihren Namen in der Übersetzung begleiten. Die Trauer der Türken um ihre gefallenen Führer wird jedesmal mit den Worten beschrieben: (Buch 21, Kap. 27) „Leur barbes arachoient, et coupoient les queues de leur chevaux". Beim Einfall eines Feindes fehlt selten das „tout si grant planté de gent, que touz li païs en estoit couverz"; Wilhelm von Tyrus sagt hier einfach: „cum ingenti manu". Der Über-

---

[1]) vgl. Aucassin et Nicolette, Edit Suchier, 7 Vers 69, 12 Vers 35, 13 Vers 3. Rolandslied (Diplom-Abdruck von Stengel) Vers 2382; 2415 20.

setzer scheut sogar vor offenkundigen Übertreibungen in Zahlen, natürlich zu Gunsten der Christen, nicht zurück: Buch 3, Kap. 15 spricht Wilhelm von Tyrus von 150 000 Türken, die den Christen in der Schlacht gegenüberstehen; in der Übersetzung aber ist die Zahl der Türken bis auf 200 000 angewachsen. Buch 6, Kap. 3 nennt Wilhelm das Heer der Türken „et viribus et numero longe superiorem"; der Franzose aber sagt: „quar a chascun que cil estoient i avoit dis Turs". Auch die Schlachtenbeschreibungen bieten eine Fülle solcher formelhaften Wendungen. Wie der Sänger des Volksepos hat der Übersetzer Schilderungen vorrätig, die er da einflicht, wo ihm Wilhelm von Tyrus zu kurz erscheint. Für solche Schilderung ist Buch 18, Kap. 28 charakteristisch: „cil assemblerent molt asprement a noz genz; assez i ot qui ferirent d'espees et de maces. Li autre s'eslongnierent et trestrent de fors as ars molt espessement. Nostre chevalier leur corurent sus molt viguereusement, et dura li chaples et la mellee, entr'aus une grant piece que l'en ne pooit savoir li quel en out le mellor". Der Übersetzer hat hier viele Worte gemacht, in der That aber nichts Wesentliches gesagt. Indess ist hier die Absicht der Einschiebung sehr durchsichtig und wiederum sehr bezeichnend. Die Christen werden nämlich geschlagen, und der Übersetzer will dies zur Entschuldigung doch erst nach langem Kampfe geschehen lassen.

Die Redeweise Wilhelms ist gemessen und würdevoll; wohl keine Stelle seines Werkes verrät irgendwelche Rücksichtnahme auf einen Leser. Der Übersetzer aber hat seine Übertragung mit Anreden an die Leser gespickt; fast kein Kapitel geht vorüber, wo er nicht den Zusatz macht: „dont ge vos parlé desus" oder „or avez oï..." oder „sachiez que...," „si vos dirai comment..." oder „oï avez comment" oder „il est bien droit que sachiez". Einmal sagt er Buch 19, Kap. 20: „cil qui deplera porra trespasser ce et lire aprés. Alles dies klingt doch leise an die stereotypen Ausrufe und Übergänge der Epen an. Buch 9, Kap. 8 versichert die Übersetzung, ähnlich wie dies auch in Chansons de geste geschieht, dass sie, ohne zu lügen, erzählen werde: „Autres fez de sa proece vos raconteré si com il avint, sanz accueillir point de mençonge". Ein überraschendes Licht auf den Einfluss der Epen auf den Stil unseres Übersetzers wirft eine andere Betrachtung schon einmal erwähnter Stellen der Übersetzung, an denen wir sahen, dass sehr oft im Anfang eines Kapitels der Inhalt der vorangegangenen kurz wiederholt wird. Diese Wiederholungen haben eine grosse Ähnlichkeit mit den „couplets similaires" der französischen Chansons, wo gleichfalls der Sänger in den ersten Versen der folgenden Strophe oft den Inhalt der vorangegangenen kurz wiedergiebt, wahrscheinlich um etwa neu hinzugekommene Zuhörer in den Zusammenhang einzuführen. Es liegt nun die Vermutung nahe, dass diese Wiederholungen der Übersetzung, die doch eigentlich nur bei mündlichem Vortrage Sinn und Zweck hätten, vielleicht unbewusste prosaische Nachahmungen der couplets similaires sind.

Der Übersetzer ist auch viel unruhiger und lebendiger; seine Sprache ist volkstümlicher, daher oft drastischer und packender als die Wilhelms. Buch 6, Kap. 8 bietet ein gutes Beispiel. Die Türken haben nachts die Mauern Antiochias erstiegen, ein Pilger bemerkt sie und „multa vociferatione eos qui in vicinis erant turribus excitavit", so sagt Wilhelm von Tyrus. Der Übersetzer aber schreibt: „il s'escria: traï! traï! et apela ceux des autres tors"; ebenso wird Buch 6, Kap. 15 das kühle „sermo vertebatur, ut cum hostibus decertarent" Wilhelms mit dem viel leidenschaftlicheren „De ce sourdi une parole, que tuit crioient et petit et grant: „La bataille! La bataille!" übersetzt. Dasselbe zeigt sich, wenn der Franzose Buch 1, Kap. 3 das kalte, farblose „conditionibus alternis", mit dem der Erzbischof das Leben der Christen unter den

Heiden bezeichnet, durch „il estoient une eure mieuz, une eure piz" übersetzt; wenn Buch 22, Kap. 21 ein Abgrund, den Wilhelm „ingens et horribile" nennt, für ihn „si profonde, que l'en n'i ose regarder" ist, wenn er endlich einen Prälaten, der bei Wilhelm „inutilis" heisst, „uns hom qui ne faisoit ne froit ne chaut" nennt (Buch 4. Kap. 2.). Buch 5, Kap. 14 wird erzählt, wie das Entsatzheer der Türken auf dem Wege nach Antiochia erst vergeblich Edessa belagert, sein Führer hofft die Stadt bald zu erobern und Balduin, den Herrscher derselben, „vinculis mancipare", wie Wilhelm von Tyrus sagt. Der Übersetzer aber schreibt viel drastischer: „en menroit tot lié et presenteroit a son seigneur ausint comme un mouton". Buch 5, Kap. 3 warten die Bürger Antiochias auf Entsatz; da macht der Franzose zu dem „promissum exspectantes subsidium" den Zusatz: „il avoit molt les oreilles levees a noveles oïr de lor venue".

Sehr gut stimmt es auch zu dem volkstümlichen Ton des Übersetzers, wenn wir sehen, wie lebhaft er Partei nimmt, wo es zu loben oder zu tadeln gilt; denn das Volk kann nie objektiv urteilen, es giebt bei ihm nur ein „für" oder „wider". Die Griechen besonders haben unter dem Hass des Franzosen zu leiden. Zorn und Verachtung ergreift ihn jedesmal, wenn der Name „Grieche" ihm in die Feder läuft. Wilhelm von Tyrus sagt Buch 2, Kap. 4: „Conjicere est ex his locis, quanta sit Graecorum miseria", der Übersetzer aber schreibt: „Ici puet l'en connoistre la lascheté et la mauvestié de la Gent de Grece". Buch 2, Kap. 10 warnt Bohemund die Pilger vor den Griechen mit den Worten: „novi enim Graecorum malitiam", und der Franzose übersetzt: „quar ge connois bien la malice des Griex" und fügt hinzu: „meesmemeut la tricherie de leur empereur." Buch 15, Kap. 3 nennt Wilhelm die Griechen „effeminati"; der Übersetzer sagt: „moies genz aussint comme fames sanz force et sanz hardement; de loiauté meismes n'i connoissent il guieres". Buch 4, Kap. 21 giebt der Franzose dem griechischen Gesandten Tatinus den Titel: „cil desloiaux Grieux". Nicht ganz so verhasst wie die Griechen sind ihm die Deutschen, aber Gutes berichtet er auch nicht gern von ihnen und manchmal versucht er kleine abfällig urteilende Bemerkungen über sie einzuschieben, wie ich schon an anderer Stelle zu erwähnen hatte. Auch in einigen Chansons de geste stösst uns diese Abneigung gegen die Deutschen auf, z. B. in den Dichtungen Bertrands de Bar-sur-Aube und in der Chanson des Saisnes von Jean Bodel. Mit rührender Liebe dagegen und oft naiver Parteilichkeit stellt er sein „douce France" und die Franzosen in den Vordergrund, ich habe hierüber ebenfalls schon gesprochen. Nicht gern berichtet er etwas Unliebsames von den christlichen Pilgern; er wünschte, er brauchte immer nur Gutes von ihnen zu reden. Als er aber doch einmal wieder von der schmählichen Flucht und Feigheit der Christen vor Antiochia reden muss in Buch 6, Kap. 5, da kostet es ihm bitteren Zwang, wie aus dem Zusatz hervorgeht: „quar la verité de l'estoire n'espargne nului: je vos en nommerai aucuns". Aber ein ander mal ertappen wir ihn doch dabei, dass er Buch 3, Kap. 14 es unterlässt, zu berichten, dass die Pilger aus der Schlacht fliehen. Buch 18, Kap. 29 handeln die syrischen Prälaten nicht im Sinne des Königs und empfangen gegen dessen Willen einen römischen Legaten. Dagegen empört sich der an das strenge Lehnswesen seiner Heimat gewöhnte monarchische Sinn unseres Franzosen, und so nennt er die Prälaten sogleich „coart et lasche". Buch 5, Kap. 9 schenkt ein Armenier Gottfried von Bouillon ein kostbares Gezelt. Ein gewisser Pancratius überfällt aber die Karavane, die das Geschenk überbringen soll, und macht das Gezelt seinerseits dem Bohemund zum Geschenk. Gottfried gerät darüber in grossen Zorn und will im Bunde mit dem Grafen von Flandern mit Gewalt dem Bohemund das Zelt entreissen.

Wilhelm rügt offen diesen Mangel an Hochherzigkeit und diese kleinliche Gesinnung Gottfrieds und sagt nur entschuldigend: „Quandoque bonus dormitat Homerus". Dem Übersetzer ist dieser Makel Gottfrieds unangenehm, dieses Helden, der immer als der Gute, Weise, Gerechte und Massvolle geschildert ist, und er macht sich ernstlich an eine Rechtfertigung dieses Betragens, indem er zusetzt: „nus gentils cuers ne puet soufrir honte, et l'en li fesoit entendant que ce seroit contre s'aneur, se il souffrait que l'en li tousist, einsint por convoitise ne le faisoit il pas." Interessant ist diese Rechtfertigung auch noch insofern, als sich in ihr eine ideale, fast ritterliche Lebensauffassung dieses geistlichen Übersetzers wiederspiegelt, die eigentlich zu den sonst offenbarten christlichen Anschauungen von Demut und Milde im Gegensatz steht. Der eben dargethanen Parteilichkeit steht eine strenge Unduldsamkeit dieses französischen Geistlichen zur Seite; er tritt damit in Gegensatz zu Wilhelm von Tyrus, der oft die guten Seiten der Ungläubigen zu würdigen weiss und tritt auch damit in Gegensatz zu dem duldsamen Geiste, wie er damals unter den Gebildeten Europas gegenüber den Mohamedanern zu herrschen begann und wie er sich am schönsten in Wolfram von Eschenbach's Parzival wiederspiegelt: die berauschende Kunst des Orients, seine feinsinnige Litteratur, Gestalten wie Sahaladin und Noradin thaten das Ihrige dazu. Aber unser Übersetzer zeigt nichts von diesem Geiste und beweist auch dadurch wieder, wie eng sein Gesichtskreis, wie gering seine Bildung ist, dass sie ihn nicht von dieser Engherzigkeit befreite. Buch 6, Kap. 13 setzt er für „hostes" „cil chien qui damedieu ne creoient"; Buch 6, Kap. 14 spricht von der Befreiung des Heiligen Grabes; der Übersetzer fügt dem „delivré" zu: „de la deloail chiennaille qui l'avoient en leur pooir"; Buch 8, Kap. 19 heisst es: „Tout estoit jonchiez de genz mortes, si que pitiez en poïst prendre", und es folgt der Zusatz:

„se il ne fussent des anemis Nostre Seigneur"; Buch 5, Kap. 5 nennt er die Türken „mastins", wo Wilhelm „hostes" hat. Als der Franzose Buch 1, Kap. 3 von der Freundschaft Karls des Grossen mit Harun al Raschid erzählt, hält er es für nötig, hinzuzufügen: „Einssint faisoit hi hauz princes Charlemeinne as seingneurs mescreanz qui estoient loing de lui quar espoir s'il fussent si voisin il essaiast en autre maniere a delivrer le pueple Nostre Seigneur, si comme il fist glorieusement en plusors leus".

Sein volkstümliches Empfinden lässt den Übersetzer manche schönen Züge in seine Bearbeitung der Geschichte einflechten an Stellen oft, wo uns die Worte des Kirchenfürsten dürr und kalt dünken. Buch 1, Kap. 21 spricht Wilhelm von Tyrus über einen der vielen Verluste, die die Christen auf ihrer Pilgerfahrt nach dem Heiligen Lande unter den Angriffen feindlicher Völker, deren Gebiete sie durchzogen, erlitten; es heisst da: „relegentes factae caedis argumenta et fratrum interemptorum funera non sine lachrymis et gemitu contuentes." Wie ganz anders dagegen klingen hier die Worte des Übersetzers: „Mout i avoit grant duel et granz pleurs, li uns trovoit son pere mort, li autres son frere ou son filz, li autres avoit perdue sa fame ou sa fille; assez i avoit de descovenues." Es darf hier vielleicht eine Parallelstelle aus Chrestien von Troyes' Cligés (Edit. Förster; Vers 2153.....) herangezogen werden, die ebenfalls den Verlust eines Heeres nach der Schlacht beschreibt:

„La plore li fiz sor le pere,
Et ça li pere sor le fil,
Sor son cosin se pasme cil,
Et cil autre sor son neveu;
Einsi plaingnent an chascun leu
Peres et freres et paranz."

Buch 1, Kap. 10 spricht Wilhelm von dem Aufbruch der Pilger nach dem Heiligen Lande und erzählt, wie alles zum Ruhme Gottes für den Heiland sich das Kreuz an die Schulter heftet und in Begeisterung nach Palästina zieht. Seine Worte klingen, als sei es selbstverständlich, dass alle ohne viele Sorge und Mühe Haus und Hof verliessen. Der Franzose übersetzt auch so und begeistert sich ebenfalls an der Hingebung und dem Opfermut des Volkes; aber in einem Zusatz bricht doch wieder sein volkstümliches Empfinden hervor: „Bien savez que fort chose est et griez a lessier son païs et a guerpir ce que l'on aime par nature." Solche Züge werfen oft ein überraschendes Licht auf den Übersetzer und lassen uns einen Blick in die Seele dieses Mannes thun, von dem wir nicht einmal den Namen kennen.

Ich sagte oben, dass die Geschichte Wilhelms von Tyrus in der Bearbeitung durch den Übersetzer poetisiert ist. Auch der Sprache des Erzbischofs fehlt es nicht an poetischer Kraft; auch sie ist reich an Bildern und Vergleichen. Aber diese entspringen einer ganz anderen, weiteren, erhabeneren Weltanschauung. Darum sind seine Bilder und Vergleiche gewaltig und grossartig, umfassender sowohl in dem, was sie vergleichen, als in dem, womit sie vergleichen; ganz anders die des Übersetzers, die dem engen Gesichtskreis der grossen Masse, dem alltäglichen Leben entnommen sind. Die Poesie des Übersetzers ist Volkspoesie, die Wilhelms von Tyrus ist Kunstpoesie, die aus den Quellen klassischer Hoheit schöpft. Und so wundern wir uns nicht, wenn der Franzose diese Bilder und Vergleiche des lateinischen Werkes völlig ignoriert. Einige Beispiele mögen genügen. Buch 1, Kap. 8 spricht der Erzbischof von der Verworfenheit und den wirren Zuständen der Zeit und bricht endlich in den Ruf aus: „in chaos pristinum mundus videbatur redire velle;" Buch 1, Kap. 9 nennt er die Türken „malleum universae terrae;" Buch 1, Kap. 3 sagt er von der Lage der Christen unter den Türken: „plerumque lucida, plerumque nubila recepit intervalla; et aegrotantis more temporum praesentium gravabatur aut respirabat qualitate." Ähnlich sagt er Buch 1, Kap. 6: „universum clerum et populum quasi de gravi aegritudine convalescente recreavit."

Ein so verbreitetes, dem Inhalte nach bedeutendes Werk wird nicht ohne Einfluss auf die Entwicklung der französischen Sprache geblieben sein; es lässt sich zwar dies nicht in seinem vollen Umfange nachweisen, aber es ist hierauf bezüglich eine bemerkenswerte Thatsache, dass unser Übersetzer zu den wenigen Schriftstellern gehört, die vor Nicolas Oresme den französischen Sprachschatz um eine bedeutende Anzahl griechischer Wörter vermehrten. In Petit de Julleville, Histoire de la lange et littérature française Bd 2, S. 519 werden diese Wörter aufgezählt. [Darmesteter, De la création actuelle de mots nouveaux dans la langue française, nennt unsern Übersetzer nicht.] An der angeführten Stelle wird der Franzose zu den Schriftstellern gerechnet, „qui connaissaient le grec." Das scheint auch hervorzugehen aus den Zusätzen Buch 1, Kap. 6, wo er den griechischen Beinamen Monomaques (gr. Monomachos) erklärt mit: „qui vaut en grieu comme seus combattieres", und Buch 4, Kap. 9, wo zu Teopople (Theopolis) die Erklärung gegeben ist: „qui vaut autant comme la cité damledieu."

Ich will hier noch erwähnen, dass der Übersetzer sich auch als Sprachforscher entpuppt, indem er Buch 7, Kap. 3 uns die Etymologie des Wortes „hasard" giebt. Er leitet es ab von der Burg Hasart, bei deren Belagerung die christlichen Gottesstreiter dies Würfelspiel kennen lernten. Littré hat diese Erklärung als richtig in sein Wörterbuch aufgenommen.

Die Zusätze der altfranzösischen Übersetzung.*)

Buch 1.

Kap. I. 1. *Eracles* qui mout fu bons Crestiens, ...

2. Mout i metoit Eracles grant entente et granz coulz a ces choses rapareillier, endementres qu'il s'entendoit a ce.

3. ... si envoia bones espies et loiaux en qui il mout se fioit, por veoir et encerchier leur couvine, que il voloit mout savoir se il porroit cele gent atendre en champ ou reuser ans, et chacier des terres et des citez qui obeïssent a la Crestienté et a l'Empire; més quant li message revindrent *il aprist.* ...

4. Si ot conseil a ses genz, et fu tiex li consseilz, que. ...

Kap. II. 1. *la voire croiz* ou Jhesucrist fu morz por nos. ...

2. De ce avenoit que il avoit soupeçoneus de son pooir tout l'empire de Rome.

Kap. III. 1. *ot pris toute la terre d'Orient,* fors seulement Ynde, ...

2. ... *li bons empereres* qui tant de travail seuffri pour damledieu et tant essauça la foi Jhesucrist, ...

---

*) Der Wortlaut beruht auf der Ausgabe von Beugnot. Die in Cursivschrift gedruckten Wörter haben ihre Entsprechung im lateinischen Original und sind nur des besseren Verständnisses halber zugefügt.

3. Einssint faisoit li hauz princes Charlemeinne as seingneurs mescreanz qui estoient loing de lui; quar espoir s'il fussent si voisin il essaiast en autre maniere a delivrer le pueple Nostre Seigneur, si comme il fist glorieusement en plusors leus.

Kap. V. 1. *toute chose prise* a oes le gualife.

2. Li patriarches qui estoit oncles le ·roi, morut. Aprés i en ot des autres en divers tens cui cil faisoient trop de honte.

3. . . *le temple* . . , que la laie gent apelent le temple Dominus.

Kap. VI. 1. *Monomaques* qui vaut autant en grieu comme seus combattieres.

2. . . . et assez i ot lermes plorees de pitié, por ce que avis lor estoit que Nostre Sires nes vouloit pas tozjors oublier qui tel comfort leur enveoit.

Kap. VIII. 1. Vos avez oï comment li pueples des Crestiens estoit menez en cele terre d'Oriant, . .

2. *Quar pestilances estoient et famines granz seur terre, espoentementz du ciel, crolles de la terre par meinz leus*, et plusors autres choses qui deussent espoenter les cuers des homes et retrere de mal et amener a la remembrance Nostre Seingeur; més il estoient aussint come sort et avugle d'oïr et de veoir ce que mestier avoit a sauver leur ames.

3. . . . si que les emfanz a ceuls qui avoient esté riches homes, veissiez querre leur peinz d'uis en huis et morir de fein et de mesese.

4. En some, ge vos di que toutes mauveses oevres avoient si seurprise la Crestienté que il sembloit que chascuns se penast de servir le deable.

Kap. IX. 1. *Nostre Sires* qui par sa pitié chastie en cest siecle por espargnier en l'autre, et set bien ses fuiz battre pour sauver.

2. Quant il vint au braz, si volt passer en Costanti-

noble qui est de l'autre part de cele petite mer, més il ne pot mie trover assez nés.

Kap. X. 1. . . . *li Sires,* qui aprés la tempeste et le tens oscur set bien ramener la clarté et la belle seson, . . .

Kap. XI. 1. Bien vos ai dit desus que de meintes terres venoient pelerins en Jherusalem.

2. . . . *li pueples d'outre les monz,* nommeement la gente de France, . .

3. . . . voirs est ce que vos avez dit de la terre dont ge sui, quar par la merci Jhesucrist mout i est la foi Nostre Seigneur mieux gardee et tenue qu'ele n'est en ces autres terres que j'ai puis trespassees que ge parti de mon païs; . . .

4. *lettres* . . . en que vos leur feissiez a savoir comment il vos est, et leur criissiez merci que il, por Dieu et por la foi Jhesucrist, vos secoreussent en tele maniere que Diex i eust enneur, et il i eussent preu a leur ames. Et por ce que vos estes povre gent et n'avez mie mestier de fere grant despens, se vos cuidiez que ge soie soufisant a si grant mesage, . . .

Kap. XIII. 1. si li dist que il s'en alast delivrement parler as princes et as barons del resgne de France de la besongne qu' il aportoit; quar se il pooit eschaper sauvement des meins l'empereor, il meismes avoit enpenssé qu'il passeroit les monz et se treroit vers ces parties por aidier a cele besongne s'il pooit.

2. et vint en France.

3. aussint com s' il fust envoiez a chascun nomeement.

4. et tot aussint com messires saint Jehan preescha avant por fere voie a la parole Jesucrist, aussint . . .

Kap. XIV. 1. einz amonesta priveement chascun des prelaz, et le commun pria en apert molt bien et mout sagement.

Kap. XVI. 1. Bien savez que fort chose est et griez a lessier son païs et a guerpir ce que l'en aime par nature; més quant l'en se pense quel guerredon l'en puet avoir de ce fere, Nostres Sires met une amor et une tendreur desus le cuer del pecheur, et n'a point de pooir la naturiex amors contre la charité de Damedieu, ne la char contre l'ame. En cele chose le pot l'en bien apercevoir certeinement; quar la gent du resgne de France et li grant baron et li mendres pueples qui estoient si abandonez a pechier et desacoutumez de bien fere, si com ge vos ai dit desus, puis que il oïrent ceste parole, empristrent si viguereusement la besongne Damedieu, et se voerent a cel pelerinage com vos orroiz; quar il sembloit que chascuns du seur soi enprendre toz seul a venchier le tort et la honte que li mescreant firent a Nostre Seigneur et a son pueple en la terre de Jherusalem.

2. et sembloit que chascuns se vossist partir de quen que l'en aime en cest siecle, por gaengnier la joie de l'autre. Uns si granz escrois et un si merveilleus esmuevemenz estoit par toute cele terre que a peines trouvissiez meson de quoi aucuns n'eust emprise cele voie.

3. Més queles que fussent les entencions dedenz les cuers, il sembloit bien, par la grant emprise que dehors se montroit, que Nostre Sires i ouvrast; et bien estoit mestiers que cel pelerinage fust en cel tens si elleuz, car...

Kap. XVII. 1. ... *le conte Tiebaut le viell* qui gist a Largny, ..

2. Li baron, si comme il estoient plus acointes li un des autres, ...

3. La menue gent ne se chargeoient pas de tentes ne d'armeures, quar il ne les poissont porter; si se garnissoit chascuns selonc ce qu'il estoit de deniers et d'avoir a tant com il cuidoit que mestier li eust.

4. Merveilleuse chose estoit a veoir el resgne de France! ne onques més jusqu'a cel concile n'avoit l'en croiz portee pour pelerinage.

Kap. XVIII. 1. ... *entrecs* qui sont aussint com portes de la terre.

Kap. XIX. 1. . . . *grant garnison* et mout bone, de totes les meilleurs genz de la terre, a tot grant planté d'armeures et de viandes.

2. . . et sa gent qui Crestien estoient.

Kap. XX. 1. Més or orroiz comment li deables treine volontiers sa poe por destorber bones oevres:

2. *Thyois* qui mout estoient mesliz . . . ; nach der Ausgabe von P. Paris: qui estoient mout fol et mout meslif.

Kap. XXI. 1. . . . li uns trovoit son pere mort, li autres son frere ou son fuilz, li autres avoit perdue sa fame ou sa fille: assez i avoit de descovenues.

2. Pierres ne ses granz rotes ne se movoient, ne ne faisoient fors esgarder la bataille.

Kap. XXII. 1. La s'entreconterent assez de leur mesaventures.

2. Il vit en cele vile mout granz choses et en cel palés meismes riches et meintes merveilles; **més**, si com il estoit hom de grant cuer, il ne s'en esbahi de rien.

Kap. XXIII. 1. *Li Thyois* qui sont une gent mout effree.

Kap. XXIV. 1. Ia s'estoient trez prés de nostre gent et estoient és bois et és montengnes.

Kap. XXV. 1. . . . et ce n'est mie merveilles, quar il est plus de fox que de sages.

Kap. XXVIII. 1. *Aucun* . . . qui se reponoient entre les autres.

Kap. XXX. 1. . . . et se lessoient cheoir des ponz et des eschieles et tornoient en fuie: ne cuidoit estre en nul lieu asseur, . . .

Buch 2.

Kap. I. 1. Icist estoient si amis entr'aus et si sages homes que il ne vouloient departir l'un des autres.

2. . . . se il la pooient avoir, que par la ou il lor estuet mer a passer.

Kap. III. 1. . . . et s'escusa li rois de la mort as pelerins au duc com il avoit fet as mesages.

Kap. IV. 1. . . . tantost li Barbarin qui estoient entor aux, li Blac, li Coumein, . . .

2. Il a une cité en Lombardie, prés de la terre le marquis d'Eest, qui a non Aire et est assez petite citez; més por ce que ele est prés de la mer de Venise et de Ancone, a non, cele mers, Adriane en escripture: icele mers va assez prés de Costantinoble, a trentes milles.

3. . . . quar il le tenoient a seingneur et a frere et a compaignon de cel pelerinage; et de ce avoit il plus fet sa volonté et sa force que droiture, quant il, si gentill home qui riens n'avoit forfet, avoit pris et retenu.

Kap. X. 1. . . . *la malice des Griex,* meesmement la tricherie de leur empereeur.

Kap. XI. 1. . . . sist en son faudestueill et li baron entor lui; . .

Kap. XII. 1. . . . *deniers de qoïvre* que l'en cleime estaines . . .

Kap. XIV. 1. Li saluz fut mout biaux avant, puis dist: . . .

Kap. XVI. 1. *Bar* . . ., ou li cors monseigneur Seint Nicolas gist . . .

Kap. XIX. 1. . *nostre gent,* meismement li François, . . .

2. . . . il ne savoient pas espoir lors tant come il font ore.

Kap. XXIII. 1. . . . et mout desirroient si hautement emprendre leur premier fet que toutes autres genz les en doutassent.

Buch 3.

Kap. I. 1. . . et cil estoient desloial et faus Crestien qui les i soufroient.

Kap. V. 1. *Baudoin Chanderon* riches hom et bons chevaliers de Berri, *li autres* de Flandres . . .

2. *Guiz de Possesse* uns bers de Champaigne . . .

3. més mout les recomfortoit ce que tuit avoient ferme esperance que Nostre Sires qui en son servise les prenoit leur guerredonoit mout hautement a tozjorz; ...

Kap. IX. 1. avec ce a un pou de nostre langage que il savoit...

2. Li huz commença granz en l'ost et la joie. Li dus en ot grant grace et en ot meintes beneiçons.

Kap. XI. 1... et adrecier leur voie vers la terre de Surie.

Kap. XIII. 1. Li nostre estoient pou et li plus d'els estoient gent a pié, ne ne fu mie merveille s'il douterent la venue de leur ennemis.

Kap. XIV. 1. Mout se deffendoient vigueureusement et souftroient cele grant planté de Turs qui descendoient seur aux les unes routes aprés les autres.

Kap. XV. 1 quar bien poez savoir que en deus cens mile chevaucheeurs que Solimanz avoit, convenoit grant planté de herberges et d'autres hernois.

2. ... des armes et de l'autre gaeing qu'il avoient fet s'apareillierent et atornerent mout bel ceus qui n'estoient mie bien armez.

Kap. XVI. 1. ne mie seulement les povres fames, més les riches dames aussint: ...

Kap. XVII. 1. por ce que grief chose estoit de trover vitaille a si grant gent ensemble.

2. il en vint assez, quar tuit cil riche home i envoierent les leur.

Kap. XVIII. 1. *servise comme de mort,* sanz chanter messe.

2. Aumosnes larges en departoient en charité as povres genz; tant en firent et li un et li autre que..

Kap. XIX. 1. *Tancrez ... chevauchoit ...* querant aventures, ..

2. .. *viandes* dont lui et sa gent avoient bien mestier.

Buch 4.

Kap. II. 1. cil li rendi et donna sa fille a fame.

Kap. VI. 1. . . . quar il n'avoit mie autre gent de quoi il la poïst puepler se il s'en alassent.

Kap. VII. 1. *Maresse;* ce n'est mie cele dont ge vous ai parlé desus, quar ele a non Marasse: . .

Kap. IX. 1. . . si comme l'en treuve el quart livre des Rois.

2. *Tcopople,* qui vaut autant comme la cité Damledieu.

Kap. XI. 1. *Noradin* dont voz orroiz aprés parler.

Kap. XX. 1. *Si* prist de l'avoir son pere a grant planté.

2. . . n'eschapa de tot leur ost que quatre.

Kap XXI. 1. Einssint s'en desparti cil que deables i avoit amené, et aussint l'en remenerent, quar. .

Kap. XXII. 1. . . et bien creoient fermement que leur penitances et leur oroisons li eussent la vie rendue.

Kap. XXIII. 1. grant chose estoit de la verité, més encore estoit la novele greindre.

2. . . et a peine pooit l'en fere ne dire chose qui gaires vausist és herberges qui ne fust seue en païennime.

3. . . . de cruautez passoient ils ors et lyons, quar les bestes sauvages menjoient les genz toutes crues; més cil les rostissent et puis les deveurent.

Kap. XXIV. 1. si que il devisoient ja tel chose que vos porois bien savoir se vos auques de cest livre oez.

Buch 5.

Kap. I. 1. Cil qui orent oïes ces letres et ces mesages se redouterent de nostre gent, por quoi s'acorderent mout a ce conseill.

Kap. VI. 1. . . . eincois sembloit a toz ceus qu'il encontroit et as cox qu'il feroit seur ses anemis que toute la besongne fust seue.

2. *Si granz noises* . . . ., que l'en n'i oïst mie Dieu tonant.

Kap. VII. 1. . . liez furent de la mort a leur anemis. . .

Kap. IX. 1. . . . nus gentils cuers ne puet soufrir honte; et l'en li fesoit entendant que ce serait contre s'aneur se il souffrait que l'en li tousist: einsint par covoitise ne le faisoit il pas.

Kap. XII. 1. . . por ce vos pri que vos metoiz en ce hastif conseill.

Kap. XIV. 1. *Baudouin*, se il n'estoit mort au prendre, *enmenroit tot lié* et le presenteroit a son seigneur ausint comme un mouton.

Kap. XVI. 1. et, Diex le set, bien me plera et mout en serai liez en bone foi.

Kap XXI. 1. . . puis leur dist: „Biaux seigneurs, vos demorez trop, il n'ia point de doute, quar ce sachiez: cil preudom m'a moutré son frere qu'il a occis por l'amor de vos." Quant cil oïrent ce, . . .

Kap. XXII. 1. . . *la citez n'estoit . . esveillee* quar li grant home de la vile quant il oïrent la noise se cuidoient certeinement que l'en occist les Crestiens si com l'en l'avoit commandé, et que por autre chose ne fust cist temoutes; por ce ne se mouvoient de leur liz.

Buch 6.

Kap. III. 1. quar a chascun que cil estoient i avoit dis Turs.

Kap. V. 1. quar la verité de l'estoire n'espargne nului: je vos en nommerai aucuns: . .

2. *Guillaume* . . , hauz hom nez de Normendie. . .

Kap. VII. 1. Qui trovoit un chien mort ou un chat, il le menjoient a granz delices.

Kap. XI. 1. Voirs est que vos estes le plus hauz home del monde, . .

2. Quant il ot ce dit, l'emperere fu touz esmeuz de ces paroles.

Kap. XIII. 1. *Li dus Godefroiz* . . . leur chei as piez . .

2. les terres dom il issirent seroient meins renomees et meins prisiees tant com cist siecles durroit; contre ces desconvenues ne pooient il recevoir nul bon eschange.

3. . . . comme gent qui ne savoient ne que dire ne que faire.

Kap. XIV. 1. il sonerent les seinz et la parole s'espandi par la vile.

2. . . *furent si recomfortez* . . . . comme s'il eussent veu Damedieu.

3. Li evesques del Pui et li autres seint home qui estoient en cele compaignie parlerent a touz les pelerins et lor distrent que Nostre Sires leur montroit biau signe que par tens leur envoieroit aide et conseill.

4. . . *delivré le seint sepucre* de la deloial chiennaille qui l'avoient en leur pooir.

Kap. XVII. 1. Bien se pensserent que la gent que il menoient ne se descomfiroient pas legierement, si les mistrent premiers por mieuz percier avant.

2. . . *l'evesque del Pui* qui ot jus mise la robe de moutier, et sist seur un grand destrier, armé et le hiaume lacié.

Kap. XVIII. 1. *Hues li Meinnes* n'oublia pas cel jor s'espee, einz celui fist tant que bone estrenne en orent nostre pelerin a leur premiere assemblee.

Kap. XX. 1. Li nostre François se firent trop bien en cele venue, li Flamenc si contindrent vigueureusement, li Norment derompoient bien les presses.

2. *Li dus Godefroiz* vit une bataille venir molt espesse ou il avoit plus de gent que nules des autres. Bien se penssa que se ceste estoit descomfite li autre s'en esmoieroient mout; . .

Kap. XXII. 1. Mout fu afebloiez li pooirs de Persse celui jor, que tant en i ot de morz que toute la terre en estoit jonchiee. Li nombres n'en fu onques bien veraiment seuz.

2. Ceste bone aventure ennora toute Crestienté, nomeement le roiaume de France.

Buch 7.

Kap. III. 1. ... *Hasart*. Et sachiez que de la vint premierement li geus de hasart, et fu trovez li geus de dez qui einsint a non.

2. Bien se peussa que ce n'estoit mie contre la volenté Nostre Seignor se il pour un de ses ennemis afebleoit l'autre.

Kap. IV. 1. La gent del païs leur enseignerent uns adreçoers par ou il leur veindrent a l'encontre. . .

Kap. XI. 1. ce fu mout grant domage, mout fu pleinz en l'ost de tous les barons.

Kap. XIV. 1. . . quar Noé qui fu en l'arche, ot trois fuiz: l'un ot non Qam, cil ot un fuiz qui ot non *Qanaam*. . . .

Kap. XV. 1. toutes les autres choses lessierent en la vile.

Kap. XVII. 1. . . einz dist que ce seroit traïsons et desloiautez; ne ja Dieu ne soufrist que il preist tel loier.

Kap XVIII. 1. . . einsint estoit la volonté Damedieu de lui tot avoir puis que la verité fu seue; ou espoir, ce redisoient, . .

Kap. XXV. 1. *Gasces de Bediers* ot pitié de cele gent, quar il douta que l'en nes occist; por ce *monta*. . .

Buch 8.

Kap. I. 1. . . . *deus monteignes* dont dist David, li profetes, el Sautier: „Li fondemenz de celui est ses seinz monz."

2. . . por quoi Saül fist occire lui et les autres provoires de la vile.

3. *Sebaste* que l'en cleime seint Jehan del Sabat. . . [1])

Kap. III. 1. *li temples* que la laie gent apelent le temple *Dominus*.

---

[1]) vgl. Ausgabe von P. Paris Bd. I S. 264. Anmerkg. 12.

2. *oratoires* ou li Sarrazin fesoient leur oroison.

Kap. X. 1. . . . et se a morir venoit, plus seurement en atendroient la mort.

Kap. XI. 1. . . . *la besongne* Nostre Seigneur ou il fesoit mieulz morir que vivre .

Kap. XII. 1. plus en douterent ceus qui ce avoient empris et achevé.

Kap. XIII. 1. *Crestien* qui ne doutoient mie a morir por Damedieu, *se couvroient de targes et d'escuz,* huis meis mes et autres esselles metoient devant eus por garantir des pierres et des saietes.

2. . . . *esteingnoient li feu d'eue* et de vinegre; les cloies avoient apareillees por estouper les pertuis et por rafecier leur chastiaux mout vistement, si que leur contenances estoient en toutes choses bones et hardies.

Kap. XIX. 1. . . . se il ne fussent des anemis Nostre Seigneur.

Buch 9.

Kap. II. 1. Molt en furent liez li grant et li menor, quar c'estoit cil qui plus avoit les cuers de tout le commun.

Kap. III. 1. Ne fus pas trés bien seu se il en fu contreinz ou se il le fist de son gré.

Kap. IV. 1. . . . *pueples* . . qui ploroit de pitié ausint tendrement comme s'il veissent Jesucrist encore pendre en la croiz.

Kap. V. 1. Mout apertement de lui ge vos diré a briés paroles la verité.

2. *Boulogne seur la mer* qui fu jadis cité or est chastiaux en l'eveschié de Teroanne.

Kap. VI. 1. més ne fu onques coronez, ne ne se vout onques fere apeler roi.

Kap. VIII. 1. sanz accueillir point de mençonge.

Kap. XIII. 1. *combatirent* a Tenechebra.

Kap. XIV. 1. *li mois de delair* . . qui sieut estre mout pluieus en cele terre.

2. il s'estendoient et lessoient cheoir par les eglises, menjoient la terre que Nostre Sires avoit marchiee, et puis vindrent as ostieux ou tuit cil de la vile leur firent mout grant joie et mout grant feste...

Kap. XIX. 1. *Les viles* ... que l'en cleime casiax en la terre, *tenoient li Sarrazin* qui devoient estre sougiez et obeïssanz as seingnors des citez.

Kap. XXII. 1. salua en enclinant, si comme est leur coustume.

Buch 10.

Kap. I. 1. ... més n'en volt mie avoir le non.

2. Bien est reson que vos sachiez la vie de cestui.

3. ... *le mont del Tor* qui est assez prés de Rohés.

Kap. V. 1. Mout li pesa de ce qu'il ot perdu son frere en ce siecle, més bien connut que la demeure de l'aler li porroit estre perilleuse.

Kap. VI. 1. *cil meismes d'autres terres* qui ont autres coustumes: Hermin, Grifon, Jacobin, Samaritan;

Kap. X. 1. Mout desplot as barons de Surie de ce que li rois l'en lessoit einsint departir, més il n'i mist autre force.

Kap. XII. 1. ... meismement el resgne de France.

Kap. XIV. 1. ... *fist fere une tor* ... et cloer mout bien de clos, ..

2. *Arsur* qui n'estoit guieres forz...

Kap. XVI. 1. L'en i met la cendre que l'en prent le premier jor de Karesme...

Kap. XVII. 1. ... *commandoit* si chier com il avoit son cors que il n'i remeinsist nul...

2. ... *le rois* qui estoit mout bons crestiens, *pria* .. que il, par sa seinte pitié, feist miracles celui jor por enneur de sa foi, quar bien savoit l'en qe combatre de si petit puesple a cele grant gent n'estoit mie emprise dont l'en poïst venir a chief se il n'i vouloit ouvrer. Quant il ot einsint fete s'oroison, tout autresint comme se Nostre Sires li eust envoié son secors et s'aide fu il seur et hardi.

Buch 11.

Kap. I. 1. . . quar il en avoit pou en la princee d'Antioche.

2. . . bien en descovri par semblant le corage qu'ele avoit eu au tens son seingneur.

Kap. II. 1. Bien puet estre li preuz a l'ame, quar mout fist bele chiere en la fin. Més en la terre d'outre mer fu il mout grant domage de sa mort.

Kap. VI. 1. c'est a la feste seint Denis.

Kap. IX. 1. *Canaan,* le neveu Noé, . .

Kap. XI. Quant cist chevaliers ot einsint parlé, il s'asist, et fist chiere d'ome qui fust en molt grant angoisse.

Kap. XIII. 1. . . *li rois Baudoins* . . . . . ot fete s'ofrande mout riche a seinte iglise, si comme ge vos ai dit; por ce. . .

Kap. XIV. 1. *Une grant navie* de Turs *estoit meue de la cité d'Acre* por venir aidier a leur genz de Saiete.[1]) . .

2. Dydon en fu nee qui fonda la cité de Cartage.

3. Cil avoit esté Sarrazins, més . . .

4. Més Nostre Sires qui bien puet et set garder sa gent quant il velt, l'atorna en autre maniere, quar . . .

Kap. XV. 1. quar il i mistrent clers qui avoient riches provendes et par ceus et par leur compaignies servoient mout bien l'iglise; . .

2. . . *chanoines ruillez,* qui estoient menues genz, ne riens ne li osoient contredire qu'il vossit fere.

Kap. XVI. 1. Ce n'est mie cele Cesaire qui est archeveschié en la terre de Surie, einz est une autre.

Kap. XVIII. 1. Selonc la contenance qu'il ot a sa vie et aprés de sa mort, l'en doit bien croire veraiement que s'ame soit en bon repox.

Kap. XIX. 1. . . . *li rois* qui plus savoit de guerre que li autre, . .

---

[1]) vgl. S. 35 u. Ausgabe von P. Paris. Bd. I. S. 403. Anm. 6.

Kap. XXII. 1. quar meintes foiz avient que par les paroles des mesniees puet l'en connoistre aucune chose del cuer et de la pensee au seigneur.

2. . . *quar* il savoit bien qu'il estoit bons chevaliers et preudome, et .

Kap. XXIV. 1. . . . quant il apercevoient leur trez, quar il ne vouloient mie gaster leur cox, porce que trop estoient pou; . . .

2. . . . més li nostre se regarnirent si encontre et restouperent les pertuis qu'il n'i oserent onques aprouchier.

Kap. XXV. 1. . . . *avoit non* Borsses, més l'en le clamoit *Borsequin*,

2. més il n'estoient mie oiseus en chaçant, einçois decoupoient quen que il pooient ateindre, si que la ot mout grant occision des mescreanz.

Kap. XXVI. 1. Les biens de l'yglise destruisoit touz. Le roi qui trop le creoit fesoit fere trop mauveses oevres as barons, et a tot le pueple donnoit mauvés essample par sa contenance.

Kap. XXVII. 1. si comme il estoit bien droiz en si franche vile et en si noble comme estoit la cité de Jerusalem.

Kap. XXIX. 1. touz li pueples meismes de cele terre fu mout honteus et tel depit en prist chascun seur soi que bien cuidoient tuit estre honi.

2. . . . einçois heent et sevent mal gré a toz les pelerins qu'il voient aler en cele terre ou retorner de la, si que souvent leur ont fet granz maux et menez contre reson, quar . .

Kap. XXX. 1. mout i metoient grant garnison, si que il pooient chevauchier souvent par la terre des Crestiens, et fere granz roberies et granz domages a la nostre gent par la mer; meismes i venoient granz navies de la cité d'Acre, et galies armees qui tenoient si toute la marine que ne des pelerins ne des marcheanz n'i pooient mie bien trespasser; par quoi les citez des Crestiens estoient plus chieres et meins garnies de viandes et d'autre choses.

Kap. XXXI. 1. Ne demorerent mie la, einçois conreerent le cors en cele maniere que l'en doit ensevelir cors de roi, . . .

Buch 12.

Kap. I. gehört dem Übersetzer allein an bis zum Worte „chief", Seite 512, 2. Zeile oben. Der Rest des Kapitels ist die Übersetzung des Kapitels II im lateinischen Original.

Kap. III. ist von Seite 515, 2. Zeile von unten, vom Worte „et disoit" bis (Seite 516) „qu'il iroit la" die Übersetzung des I. lateinischen Kapitels.

Kap. V. 1. *Alexés* . . . . qui plusors foiz leur avoit fet meinz granz torz et meinz domages.

Kap. VII. 1. *Hues de Paiens* delez Troies; . .

Kap. VIII. 1. . . . la terre qui est si douce, c'est *France*. (Ausgabe von P. Paris: la terre qui est si douce et si piteuse, qu'ele reçoit touz les essilliez, ce est *li roiaumes de France*.)

Kap. IX. 1. . . . *mescreanz* . . . qui n'abitent mie en citez, més en tentes et en paveillons tozjorz.

2. Les autres preudomes si comme il les conoissoit a plus preuz apeloit il par leur nons; il les semonoit mout doucement que bien se contenissent en cel jor.

Kap. XII. 1. Ja s'estoit sejornez li rois une grant piece dedenz Antioche et li quens de Triple avec lui. Més quant il oïrent dire que Gazi chevauchoit einssint abandon par le païs, . .

2. Li nostre qui estoient ensemble as premereinnes batailles, avoient mout longuement sofert et enduré la charge de ces granz genz qui leur coroient sus; si estoient tuit las et failloient presque tuit, més quant il virent leur genz si bien contenir, si pristrent cuer et se rafreschirent tuit. Lors corurent sus as Turs plus fierement qu'il n'avoient avant fet: en cel point dura la bataille bien longuement.

3. ... quar selonc la mescheance qui leur estoit avenue, li rois les avoit bien revengiez et comfortez.

Kap. XIII. 1. N'est mie merveille se li peres enseingne ses emfanz, quant il les voit mesprendre. Nostre Sires Jesucrist qui est verais peres de toz les Crestiens, vit que ses pueples s'estoit plus abandonez a pechié que mestiers ne li fust, por ce les volt chastier et batre en meintes manieres, quar d'une part soufri que ...

Kap. XIV. 1. c'est une enfermeté dont l'en pert et veoïr et oïr et parler, et touz les sens qui sont en home.

Kap. XX. 1. et haster le convenoit por le perill, il s'esforça com preudom, car au besoing connoist l'en les cuers viguereus et verais. Si compaignon li firent aide et conseillierent tant comme il porent, ..

Kap. XXII. 1. més il encontrerent une nef de marcheanz qui . .

2. ... por ce se penoient en totes manieres por nagier a rames et por voiles drecier comment il venissent la, einçois que cil s'en fussent parti.

3. en chascune ot deus gouvernaux. [1])

Buch 13.

Kap. VIII. 1. Cil d'Escalonne se rasemblerent encoutre als et virent ceus qui estoient prés et en talente d'eus deffendre, si que molt les en douterent.

2. *Li Crestien* aperçurent lor covine et lor coardise, si se mistrent entre fossez et leus estroiz, si *les commencierent a assaillir;* si com il passoient iluec, ot assez tret d'ars et d'arbalestes et feru de glaives.

Kap. X. 1. Par cele faute del secors qui avint a ceus de Sur, recommencierent molt a avoir grant pouor et grant desesperance . Més . .

2. ... *joenes hom* de France, , .

Kap. XIII. 1. Tant monterent les paroles qu'il dut avoir grant mellee entre les povres et les riches.

---

[1]) vgl. S. 35 u. Ausgabe v. P. Paris Bd. I S. 468. Anm. 4.

2. D'autre part, por ce que grant partie de la terre estoit de Crestiens, li baron et li prelat s'accorderent, tandis com il estoient au siege, que l'en ellissist un arcevesques en cele yglise de Sur, qu'il i feroient quant la vile seroit prise, dont il avoient bone esperance; et se par auqune mesaventure ne prenoient la vile, si garderoit la Crestienté que nostre baron tenoient ja.

Kap. XVI. 1. Li Crestien qui n'estoient qu'un poi au regart des autres, ne fesoient senblant qu'il les doutassent de rien, ainçois se feroient toz jorz hardiement la ou il les pouvoient choisir. Tant alerent deronpant les granz presses et ferant de granz coups que, . . .

2. . . . si ledement qui li uns ne regarda onques celui qui derrieres lui estoit.

Kap. XX. 1. . . . et regardoit volentiers cele bele conqueste que il avoit fete tant com il fu en prison, . .

Kap. XXV. 1. . . . si que ce clamoit l'en enroiderie.

Kap. XXVI. 1. Quant li chevalier et li sergant qui les guidoient virent ce, si quiderent qu'il fussent tuit asseur; si voudrent entendre au gaignier et s'espandirent par la terre il meismes, ne onques puis ne se tindrent ensemble.

Kap. XXVII. 1. En maintes choses mostroit bien qu'il deust estre s'il veschit uns des meillors princes de la Crestienté, més Nostre Sires souffri qu'il fu morz en tele maniere . . .

Buch 14.

Kap. I. 1. Vers povres genz estoit privez, volentiers les escoutoit et meintes foiz les apeloit premiers.

2. . . . por ce l'apela l'en tant come ele vesqui, l'empererriz Mahaut.

3. Vos avez oïz les deus nons au fuiz Fouqes le juene qui fu roi de Jerusalem, . .

4. . . . puis fu morz outre mer, quant li rois Felipes i ala.

Kap. XVI. 1. Mout estoit la haine grant entre le roi et le conte de Jafe.

Kap. XVIII. 1. Ce puet bien estre voirs a ce que Breton sont fol et li rois estoit mout preudom.

Kap. XX. 1. Tele eure estoit qu'il menoit un troussel seur une mule, comme garçon a marcheant.

2. et que ses peres avoit gitee d'Antioche et commanda qu'ele se tenist a son doaire, Lalische et Gibel; . . .

Kap. XXI. 1 d'autre part de ce meintenoit il bien la coutume de son païs.

Kap. XXVIII. 1. ce meismes que cil dehors doutoient que l'en les levast del siege, leur fesoit plus engoisseusement emprendre la besongne.

Kap. XXX. 1. des Grezois la avoit mout grant planté, més il estoient moles genz et desausé d'armes plus que cil dedenz.

Buch 15.

Kap. I. 1. Si Grezois qui longuement avoient demoré empés fesoient grant semblant de chevauchier volentiers a la guerre.

2. . . . ceste cité de Cesaire n'est mie cele qui siet en la terre de Surie dont ge vos ai parlé desus meinte foiz, més une autre qui est outre Antioche.

3. . . . se par afamer ne fust.

4. Ci li promistrent que mout li feroient bien, més ne le tindrent mie. Plusors foiz les ala il meismes querre dedenz leur paveillons, savoir se il les poïst metre en bone volenté, més ne valut riens que cil ne se voloient entremetre de la guerre.

Kap. III. 1. . . . *Grieux qui estoient* . . . sanz force et sanz hardement; de loiauté meismes n'i connoissoient il guieres.

2. Por ce, s'il vos plest, donnez au prince un petit de respit por soi conseillier et parler a ses barons et au pueple quar se il le fet einsint legierement, s'accorderent a vostre volenté;

Kap. IV. 1. Cil qui ses huis durent garder, furent trop correciez dou quens qui estoit einsint venuz devant son seingnor et tot asprement li distrent. Il leur cria merci qu'il ne s'en correçassent mie, . . .

2. Li pueples crioit: „Ou sont li Greu qui leur estoient venu tolir leur heritage et les vouloient mener esclaves en leur terres?"

Kap. XXI. 1. Sire, li rois vos salue comme son seingneur et son ami; si vos mercie mout tant comme il puet del bon corage que vos avez del pelerinage que vos avez empris a fere et de grever les ennemis Jesucrist; et vos mande, sire, que moult a grant talant de vos veoir et ennorer en son païs selonc son pooir, més il ne vos velt mie celer la verité: . . .

2. ce fist il por sa fame que il amoit.

Kap. XXII. 1 . . *les mires* dont il i avoit assez danz Hues de Pierrefonz, danz Gautiers et tant des autres que ge ne vos sai nomer, quar chascun i venoit volentiers por si haut home com l'empereres est.

Kap. XXIV. 1. car, si comme l'en dist: Chastel abatuz est demi refez.

Kap. XXVI. 1. Nostres Sires i aloit meintes foiz herbergier quant il avoit preeschié en Jerusalem, porce que nus ne li donoit a mengier en la cité.

Kap. XXVII. 1. . . . et bien se gardoit de pechié por sa conscience, et de touz maus semblanz por sa bone renomee.

Buch 16.

Kap. I. 1. . . qui estoit une grant avenance en cel tens.

Kap. II. 1. car hom qui tant a afere comme rois, ne doit a tel deduit entendre, se lors non que les grand besongnes sont bien finees.

Kap. VIII. 1. . . . par quoi il se treoit plus volentiers vers les Crestiens.

Kap. XII. 1. Ce ne sai je s'il dist voir ou faus, . . .

2. si que meintes genz cuidierent que ce fust avenu por sa maudiçon meismes que il avoit mise seur soi.

3. Il arrachoient leur barbes, coupoient leur treces et les queues de leur chevaux, en signe de grant duel.

4. et puis ne pot estre trouvez cil chevaliers en tout l'ost.

Kap. XIII. 1. quar il estoit bien et tout asseur en la terre.

Kap. XIV. . . . *Crestiens* qui avoient receue la foi Jesucrist, dés le tens que li Apostre preechierent, et fermement l'avoient puis tozjorz tenue, si qui nus n'i abitoit entr'aus qui ne fust Crestiens.

Kap. XIX. 1. *Nostre Sires* qui bien voit cler en tieux aferes, . . .

2. *Paone* ou mesires seint Mourtin fu nez; . . .

3. . . més la foi crestienne est ceste que il fu veraiement dex et hom.

4. . . . ne savons por que ce fu, més ce savons nos bien qu'il le fist a droit.

Kap. XX. 1. . . et avoient lessié le grant chemin.

Kap. XXIV. 1. *gué* que cil de la vile ne savoient mie.

Kap. XXV. 1. Bien disoient que Turs estoient mauvese gent en bataille; n'avoit guieres qu'il les esprouverent bien quant il les descomfierent legierement en pleinne terre, . .

2. . . . *François* qui sont la gent el monde qui mieuz le croient et plus l'enneurent, . . .

Kap. XXVI. 1. ne sai quanz chevaliers de France i ot qui pristrent le roi par le frein et le trestrent hors de la presse; . . .

Kap. XXVII. 1. puis qu'il estoit meuz de son païs, en avoit euz meinz destorbiers, . . .

Kap. XXIX. 1. Je apele le roiaume baronie, porce qu'il estoit si petiz.

2. . . . a son ostel le menerent qui fu riches et abandonnez; la corz fu pleintive de totes choses.

Buch 17.

Kap. II. 1. si comme estoit coutumement au tens de lors . . .

2. Mout fu biaus a veoir li olz, quar il avoient grant planté de paveillons touz nues et de meintes manieres.

3. Li Turc meismes qui dedenz estoient, monterent as murs et seur les tors, por regarder l'ost dont il avoient poor.

Kap. III. 1. *Uns sergenz* . . . qui estoit apelez Damas.

2. si que meintes foiz se repentirent li baron dont il avoient empris a aseoir la vile de cele part.

Kap. IV. Li rois de France qui chevauchoit aprés o tote sa bataille, se tint, et atendoit por secorre as premereins se mestier fust et il fussent lassé.

2. . . . *li Thyois* . . qui sevent pou de touz atiremenz d'armes, einz sont une gent qui riens ne pueent soufrir.

Kap. V. 1. . . . soufri lors que la malice au deable qui tozjors est preste, . . .

2. Bien est voirs que cil baron furent de la terre de Surie, més leurs nons, ne leur lignages, ne les terres qu'il tenoient ne nome pas l'estoire, espoir porce qu'il i a encore de leurs oirs qui ne le souferroient pas en pés.

Kap. VI. 1. La menue gent de France disoient tout en apert as Suriens que ne seroit pas bone chose de conquerre les citez a leur oes, quar li Turc i valoient mieuz qu'il ne feroient.

Kap. VII. 1. quant li autre baron s'en retornent en leur païs, il ne se meuvent, quar il n'ont riens ailleurs; . .

Kap. IX. 1. Lions ne lieparz ne fu onques tant doutez com si ennemi le doutoient.

Kap. XIII. 1. . . més ele qui par desus estoit, savoit bien eslire li quel se descordoient, li quel disoient mieuz et les plus loiaux homes, creoiet mielz tozjorz.

Kap. XIV. 1. . . . sorent bien qu'il estoit leur sires et leur rois, . .

2. . . . quar il n'avoient entr'aus point de deport ausint

come se la guerre fust de Crestiens et de Sarrazins.
Kap. XVI. 1. . . *Grifon* qui sont fole gent et mauveses en armes, . .
Kap. XVII. 1. . . *arc* dont il savoit mout et . . .
2 . . plein un tarquais de sajetes emploia dont il leur fist assez de domages que d'omes que de chevaux.
Kap. XVIII. 1. et le petit pooir que l'en lesse as dames qui ont seingneur, . .
Kap. XXV. 1. *nez* que l'en cleime dromonz, . . .
Kap. XXVI. 1. mout sages estoit et cortois et de bon afere, leiaus bachelers, et chevaliers bons, . . .
2. . . . as piez li chei et li pria mout humblement que ne li destorbast mie si grant ennor, quar a l'aide de Dieu et au conseill le roi meismes, il meintendroit bien la terre et tozjorz seroit a son commandement.
3. . . . quar il penssa que cil feroient bien, et volentiers se descharja de la terre qui estoit loing. Cil s'entorna a grant joie qui enporta letres le roi a la princesse, qui disoient que li rois le vouloit bien et l'en prioit.
4. . . . quar li rois qui avoit s'autre fille estoit fox et mauvés; et meintes foiz avoit essaié Noradins comment il poïst avoir ce roiaume, més Aynarz s'estoit tozjorz mis encontre; or vit bien que cil empeeschemenz estoit failliz et . . .
Kap. XXIX. 1. Quant cil de la vile orent veue ceste mescheance qui leur estoit avenue par aventure, bien cuidierent si que voirs estoit, que Nostre Sires les haïst; . . .

Buch 18.

Kap. II. 1. Ne demora guieres porce qu'il quenoissoit bien la malice et la mescreance de ceus d'Avignon, le siege de l'abaïe dont il avoit esté abés osta d'ilec et la mist dehors la cité de Valance. Lors fist del siege une bele yglise qui encor i est, et molt riches edifices. Del leu ou l'abaïe fu, fist prioré, et establi que la novelle abaïe qui est prés de Valence obeïroit a l'evesque d'Avignon.

Kap. III. 1. . . . ne mie por ce la verité ne doit on pas celer. Cil ordres a puis eu meintes foiz si grant mestier a la terre d'outre mer, aux povres Crestiens heibergier et soutenir et ensevelir ceuls qui moroient, et en faire meintes autres oevres de charité. Les anemis de la foi ont, li frere de l'Ospital, guerroiez viguereusement; assez ja puis eu de preudomes qui por l'aide Nostre Seignor ont leur ames salvees en cel ordre, et qui ne s'acordoient mie aus outraiges ne as orguelx quant il les veoient feire aux autres.

Kap. IX. 1. Li templier n'orent cure, einz em firent une grant crualté, . .

Kap. XI. 1. c'est une chose que chevalier covoitent molt.

Kap. XIV. 1. li Turc les aloient batant et chuflant de corgiees:

Kap. XXI. 1. Bien sembloit a chascun que Nostre Sires li vossist fere ce jor honor.

2. *Turc* estoient assez plus que li nostre, . . .

3. Bien se contindrent les genz de Flandres.

4. . . . li nostre les sivirent occiant ce qu'il en consivoient. Molt en i ot que morz que pris. La nostre gent s'en retornerent. Il pristrent le guaing qui trop fu granz de prisons, d'armes, de chevaux; avoir, robes et paveillons emporterent tant que tuit en furent chargié.

Kap. XXII. 1. . . . blanc et coloré et cheveux blons, et en avoit a grant planté; . . .

2. une perpre valoit bien set sols de parisis.

Kap. XXIII. Aprés ce l'emperere l'enleva par la main et li pardona son corroz; en s'amor et en sa grasce le reçut enterinement.

Kap. XXVI. 1. . . *Rolant* . . . nez estoit de la cité de Seuse la vielle.

2. ce fu li rois Looys de France et li evesque de son regne.

Kap. XXVIII. 1. Cil assemblerent molt asprement a

noz genz; assez i ot qui ferirent d'espees et de maces. Li autre s'eslongnierent et trestrent defors as ars molt espessement. Nostre chevalier leur corurent sus molt viguereusement, et dura li chaples et la mellee entr'aus une grant piece que l'en ne pooit savoir li quel en out le mellor.

Kap. XXIX. 1. ... car lors estoit tele la costume que nus legaz n'entroit en reaume sanz le congié del roi et sanz son conduit.

2. ... car li legat ont en cele terre palefroiz blanz et chapes roges comme l'apostoile, ...

3. ... *li prelat* qui furent coart et lasche ...

Kap. XXX. 1. ... comme cil que nostre baron prisent molt et loent, ..

Kap. XXXII. 1. Li baron s'en merveillierent trop, quar la bone dame avoit esté si longuement en ceste emfermeté dont ele ne pooit guerir, que dés pieça la tenoient ausint comme por morte. Més li rois la ploroit ausint freschement com sil l'eust lessiee toute seinne.

Buch 19.

Kap. II. 1. car ce ne pueent mie legierement eschiver ceus qui tiennent si granz leus, ...

Kap. III. 1. .. a la coutume qui lors coroit.

2. ... *Guillaumes* qui fu arcevesques de Sur et ceste estoire mist en latin.

3. Cil qui estoit bons clers et meintes escriptures avoit entendues, ...

4. ... més il n'avoit mie gresse de trop granz viandes prendre, ...

Kap. VII. 1. Il trouva ceus qui par orgueill et par bobanz ne deingnoient mener leur genz en conroi. Il assembla a eus et en ot le meilleur.

Kap. VIII. 1. *Gilibert de Laci* ..., nez d'Angleterre, ...

Kap. XI. 1. ... sanz ce que a nul meschief il n'estoient, ne point de mesese il n'avoient souferte.

Kap. XII et **XIII.** 1. . . . puis besa la terre desouz ses piez, et le salua mout humblement, . . .

Kap. XIX. 1. les genz qu'il avoient amenees estoient plus preu que nules des autres genz que l'en peust trouver.

2. . . . et plus encore par desus.

Kap. XX. 1. cil qui il desplera porra trespasser ce et lire aprés.

2. . . . quant li rois Faraons dist a son pueple qui aloit criant por la famine: „Alez a Josep et fetes quen qu'il vos dira."

Kap. XXIV. 1. . . . qui furent martiriez outre le lai de Losanne, seur le Rosne, el leu que l'en apele le Chabloi.

Kap. XXV. 1. . . . *Turs d'Arrabe* que l'en apele les Bedoins. 2. Li nostre qui plus savoient d'armes se trestrent avant, leur gent mistrent en conroi, bon cheveteinne baillierent a chascune bataille; bien leur fu dit que seurement se contenissent ne se devoient mie esbahir de cele grant planté de gent qui riens ne valoient, il meismes s'entrechaceroient par aus et, se li nostre fesoient biau semblant, li leur coart descomfiroient les hardiz.

Kap. XXVII. 1. . . . et fu establi que toute la terre d'Egypte seroit as Roumeins, porce que n'i avoit point de roi.

2. . . . si que tuit li marcheant qui en Alexandre viennent, truevent ilec a vendre les choses de quoi l'en a mestier en leur païs et s'en delivrent tantost de ce qu'il ont aporté.

3. . . . *de* la region des cinq citez qui est apelee *Pantapolis* . . .

Kap. XXXII. 1. . . . si monta seur un grant destrier . . .

Buch 20.

Kap. I. 1. Une chose ne veill ge mie lessier a dire qui lors avint, quar . . .

2. . . . *Proto Servato,* c'est a dire senechaux.

3. . . . *Guillaumes* qui mist puis ceste estoire en latin.

Kap. IV. 1. . . . en cel tens que Rome estoit en son gregneur pooir, . .

2. . . . *empereres* qui tant fist de lois, . .

3. Lors en mena les mesages le roi jusque en Costantinoble por moutrer le riche pooir et la grant noblece de son empire, biau semblant leur fesoit toz les jorz; . .

4. De l'estat le roi leur enqueroit sovent et mout l'escoutoit volentiers.

Kap. VI. 1. Nequedant bien cuida l'en que la greindre achoisons por que il firent, ce fust covoitise.

Kap. X. 1. . . . lors s'agenoilla et besa la terre, . . .

Kap. XII. 1. . . . *Jehan de Belynas* et Huitace, li deans de Charmentré, *morurent a Paris* et furent enterrez en l'iglyse Seint Victoir, a senestre, si com l'en entre vers le cuer.

Kap. XIV. 1. . . . *greve* que l'en cleime dunes, . . .

Kap. XVI. 1. . . . *tendron* que l'en apele fromaje . .

Kap XXI. 1. *Li rois* qui bien li avoit fet et l'avoit tenu entre ses plus privez, se correça plus de lui que d'un autre dom il li contredisoit sa volenté; por ce . . .

2. . . presque, tozjorz fu a la cité de Senz et a Ponlegni.

3. . . . *il* qui en mout grant pacience avoit souferz les torz et les grevemenz que l'en li avoit fet, porce qu'il desfendoit la droiture de seinte Yglise.

4. . . devant un autel qui est si com l'en vet del cloistre vers le cuer.

5. . . . por refreschir la vigeur des prelaz et por mostrer par l'essample de celui qu'il ne doivent mie lessier perir seinte Yglise entre leur meins.

Kap. XXII. 1. et bien fu dit que l'en parlast de ceste chose a toz les menors barons qui desouz les granz seingneurs estoient bien loing ou cil mesage devoient aler.

2. . . *protosenato,* c'est a dire senechaux : . .

Kap. XXIII. 1. . . . et li haut home qui avecques lui sont, . . .

2. . . . *ouvree* d'or et de pierres precieuses; . . .

3. ... *siege* couvert de drap batu a or, ...

4. Lors fist une grant chose de que li Grieu s'emerveillierent trop, quar ...

5. Noz genz les regardoient a tiex merveilles que tuit en estoient esbahi.

Kap. XXVIII. 1. *Nabas* ... qui fu morz de poor, qui fame David espousa après lui si com l'en trueve lisant el premerein libre des Rois, qui fu apelez Abigal.

Kap. XXXII. 1. et nomeement au roiaume de Surie, si les cuidoit bien si esmouvoir entr'aux que chascuns les chaçast de son pooir.

Buch 21.

Kap. I. 1. ... et avoit esté en France a escole, bons clers estoit et preudom;

Kap. III. 1. por ce pristrent conseill entr'aus li Sarrazin; galies firent venir encontre leur nés et il leur corurent sus par terre.

Kap. IV. 1. ... et cil Miles, por ce qu'il avoit si bien esté del pere le roi, vouloit estre sires del fill.

2. ... et respondi que se il le trouvoient endormi ne l'oseroient il pas esveillier:

Kap. V. 1. ... *Guillaumes* .. qui ceste estoire mist en latin.

Kap. VII. 1. ... *chose* de que meintes genz se merveillent et demandent entr'aux por quoi il avint einsint.

Kap. IX. 1. ... *Guillaumes* .. cil qui ce livre mist en latin, ..

Kap. XI. 1. Li rois fist partir le gaeng, si que li quens de Triple et ses genz en orent grant partie.

Kap. XII. 1. Tant s'aprochierent les deus olz que il assemblerent a la bataille li un contre les autres. Si grant fés i ot de gent que ce ne porroit l'en mie legierement conter li quel le firent bien ne li quel mauvesement. Porce meismement que ne fu pas longue la mellee entre aux, ..

2. ... einçois tressailloit mout sovent et fesoit mout petiz sommes.

Kap. XIV. 1. ... porce qu'il n'avoit guieres esté el païs et ne connoissoit pas bien la maniere de leur guerres.
Kap. XV. 1. .. et ce apele le loi le ten de plor, . .
Kap. XXIII. 1. ... si que li rois et tuit li sien qui estoit pou de gent, furent tost tuit plungié en cele grant planté de Turs.

2. Bien senti chascuns en son cuer que Nostre Sires leur enveoit sa grace. Si estoient recomforté que de nule riens n'avoient poor ne doute. Grant essart fesoient de leur ennemis; le sanc fesoient corre a granz ruz parmi les chans. Premierement s'emerveillierent li Turc de ce que li nostre cuidoient eschaper d'ilec; aprés, quant il virent leur contenances, si grant poor orent en leur cuers que chascuns d'aus, qui trere se pooit arriere, leur fesoit voie.

3. Ce fu uns des plus aperz miracles que Nostre Sires feist onques en bataille grant tens avoit, quar ...

4. ... *la parole* Ysaye *le profete:*

Kap. XXVII. 1. Leur barbes arrachoient, et coupoient, les queues de leur chevaux, einsint . .

Kap. XXX. 1. ... que l'en apeloit le gué Jacob.

Buch 22.

Kap. I. 1. Li preudome qui avoient bele compaignie et grant s'armerent et issirent fors.

Kap. III. 1. .. *conte de Triple* qui n'avoit mie esté és trives le roi.

Kap. IV. A la revenue del concile qui avoit esté a Rome . .

2. .. *cil arcevesques* qui ceste estoire mist en latin,

3. ... *Felipes* de cui boutez se sent toute la Crestientez.

Kap. V. 1. Cil qui connoissoient sa vie et ses bonnes oeuvres orent certeinne esperance que Nostre Sires eust s'ame mise en paradis.

2. ... *Buiemonz* ... fu si deceu del deable et avuglez de pechiez, que il ...

3. Mout se contint cil emfés viguereusement; ...

Kap. VII. 1. Honteuse vie menoit en ceste maniere li princes Buiemonz en cel tens, et . . .

2. . . et Huitace, le dean de Charmentré; . .

Kap. IX. 1. . . einçois sembloit que il fust touz porriz et que li membre li cheïssent par pieces; . .

Kap. XI. 1. et par ce perdi il touz les cuers as preudesomes, quar nus loiaux hom ne porroit amer celui qui tel honte feist a son seingneur comme de honir de sa fame; ele s'en contenoit folement et ne regardoit rien en oevre a sa hautece ne a son veu, car ele avoit voé, quant ses sires gisoit el mal de la mort, qu'ele devendroit nonne et meinroit a tozjorz més en chaste vie.

2. Quant la novele vint en la cité que cil estoit einssint venuz a armes, mout s'en esfreerent cil qui devers lui ne se tenoient mie.

Kap. XII. 1. . . il n'en avoient pitié ne que des chiens.

2. . . *fames* qui n'estoient pas nees de Grece, quar il avoient fez mariages as Latins de leur filles, de leur sereurs et si avoient eu granz privetez et granz acointances a aus qu'il sembloit que ce fust uns pueples d'une terre.

Kap. XIV. 1. porce que ausint sordent tempestes et sablons, comme en la mer; . .

Kap. XV. 1. . . et se renoierent tuit.

Kap. XVI. 1. . . pour enneur de leur lignage.

Kap. XVIII. 1. Riens ne leur pooit tant valoir comme haster ce qu'il vouloient fere, . . .

2. . . granz donz prometoit a ceuls qui premierement enterroient en la cité.

Kap. XIX. 1. en ceste maniere parloit en diverssement, si comme l'en seult fere.

Kap. XXI. 1. més li refeseeur estoient ilec tuit apareillié.

Kap. XXVIII. 1. Or s'en estoit alez Salehadins en son païs . .

2. . . que toz seus se mist devant le pont, et tant com

il i ot nus a passer des noz, n'i volt onques entrer; einçois se feroit mout souvent entre les Turs et fesoit de trop biaux coux a destre et a senestre, en trebuchoit assez les uns morz les autres vis. Il li traoient sajetes a lui tot seul. Cil qui devant lui osoient venir feroient demaintenant. Merveilles i soufri de cox, més au derrenier se vint il desfendant et se reçut entre l'autre gent dedenz.

Vita.

Natus sum Franciscus Ost Magdeburgensis die duodecimo mens. Jul. anno hujus saeculi septuagesimo sexto patre Gotthardo, matre Paulina e gente Braune. Fidem profiteor evangelicam. Primis litterarum elementis imbutus anno aetatis nono ibidem in Gymnasium Realium receptus sum. Unde maturitatis testimonio anno XCV h. s. instructus ad universitatem Halensem me contuli, ut studiis neo-philologicis incumberem. Inde profectus sum ad universitatem Berolinensem, denum Halle redii. Docuerunt me: Brandl, Burdach, Erdmann, Haym, Kirchhoff, Lindner, Pischel, Roediger, E. Schmidt, Strauch, Suchier, Wagner. Ut exercitationibus interessem seminarii romanici et anglici et germanici permiserunt viri clarissimi Suchier et Wagner et Strauch. Quibus omnibus praeceptoribus de me optime meritis imprimis autem H. Suchier gratias ago quam maximas.

Thesen.

1. Wilhelm von Tyrus ist französischer Abkunft, nicht italienischer, wie H. Prutz und P. Paris behaupten.
2. Den Chansons de geste liegen Volkssagen, nicht zeitgenössische Lieder zu Grunde.
3. Die Kreuzzugsgesten sind unter die Zahl der Chansons de geste zu rechnen (contra G. Paris).
4. Das Ideal einer philologischen Textausgabe ist nicht die phonetische Umschrift, sondern die Wiederherstellung der ursprünglichen Mundart des Textes.